日常英会話

伝わるフレーズ集

GOOVER ENGLISH SCHOOL 著

ナツメ社

はじめに

最近は大都市でなくても、日本各地で観光を楽しむ外国人の姿を見かけるようになりましたね。困っている様子の外国人に声をかけてあげたいと思ったり、外国人に道を聞かれてとっさに答えられなかったという経験のある人もいるでしょう。そんなとき、彼らと気軽におしゃべりができたら素敵だと思いませんか。

この本には、日常英会話をかんたんにカッコよく話すための短いフレーズをぎっしり詰め込みました。よく使う基本フレーズのほか、食事やショッピング、観光など、さまざまなシーンでの会話を想定したフレーズばかりです。文法や発音に自信がなくても大丈夫。本をパラパラめくって、気になるシチュエーションのフレーズを何度も口ずさむうちに、ネイティブに近い話し方が身についてきます。日本国内はもちろん、海外旅行や海外出張、留学やホームステイ先など、あらゆる場面であなたの日常英会話をサポートする一冊になるでしょう。

GOOVER ENGLISH SCHOOL

本書の特長と使い方

本書は、日本でも海外でも使える、使用頻度の高い日常英会話フレーズや単語を多数掲載しています。シーン別に豊富なバリエーションの英文を紹介しているので、自分が伝えたい内容にぴったりの会話文を選ぶことができます。

各英文にはルビ（カタカナ読み）をつけました。カタカナをそのまま読んでも伝わるように、できるだけ英語の発音に近づけるような工夫をしました。また、覚えた英文の単語だけを入れ替えて応用ができるように、関連する単語集を随所に盛り込んでいます。ほかにも、イラストを多用して場面をイメージしやすくすることによって、フレーズや単語をより確実に覚える効果を期待しています。

カタカナ表記について

本書で紹介しているすべてのフレーズと単語は、カタカナで読み方を示しています。できるだけネイティブの自然な発音に近い表記を採用しているので、同じ単語でも、文脈によって表記が異なります。また、弱く発音する音は文字を小さくしています。

知っていると便利な使い方

◎最初に覚えたい基本のやりとり

各セクションの冒頭ではイラストとともにもっとも基本の対話を紹介。時間がない人はまずはここを覚えればOK。

◎豊富な英文バリエーション

アルファベットがついている英文は、あとのページでバリエーション（別の表現）を紹介しています。

その他のフレーズ

居酒屋に行ってみたいと思っています。	I would like to go to an Izakaya.
刺身は食べたことがありません。	I have never eaten raw fish.
ウニはどんな味ですか？	What does sea urchin taste like?
どこのお店がおいしかったですか？	Which restaurant was good?
近くにおいしいお店がありますよ。	There are many good restaurants near by.
嫌いな食べものはありますか？	Are there any foods you don't like?
からいものが苦手です。	I don't like spicy food. ▶好んで食べないものについては、don't like を使うのが一般的です。
ここのクッキーはおいしいと評判です。	This shop is known for its cookies.
アレルギーはありますか？	Do you have any allergies?
肉はよく焼く派ですか？	Do you like your meat well-done?
❗食べてみたいものはありますか？	Is there anything you want to try to eat?

80

◎外国人が話すフレーズ

外国人の発言は青字にして区別しています。よく使われるフレーズなので、聞いたときにもわかるようにしておくとよいでしょう。

◎重要・頻出表現

よく使う重要表現を赤字にして目立たせています。外国人から聞かれることもよくあるので覚えておくと便利です。

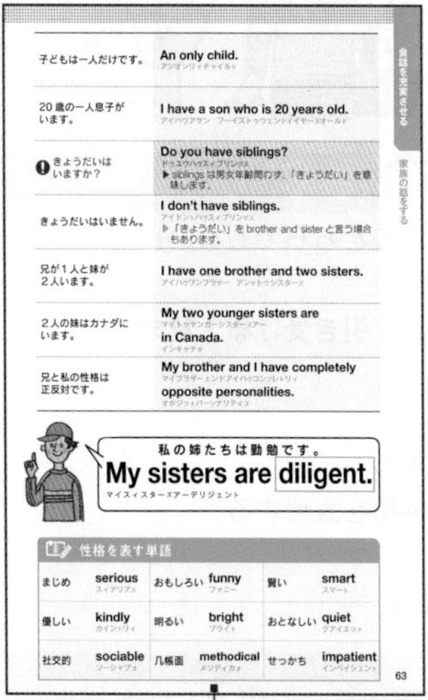
会話を充実させる　家族の話をする

子どもは一人だけです。	An only child.
20 歳の一人息子がいます。	I have a son who is 20 years old.
❗きょうだいはいますか？	Do you have siblings? ▶siblings は男女年齢問わず、「きょうだい」を意味します。
きょうだいはいません。	I don't have siblings. ▶「きょうだい」を brother and sister と言う場合もあります。
兄が１人と妹が２人います。	I have one brother and two sisters.
２人の妹はカナダにいます。	My two younger sisters are in Canada.
兄と私の性格は正反対です。	My brother and I have completely opposite personalities.

私の姉たちは勤勉です。
My sisters are diligent.
マイスィスターズアーデリジェント

性格を表す単語

まじめ	serious	おもしろい	funny	賢い	smart
優しい	kindly	明るい	bright	おとなしい	quiet
社交的	sociable	几帳面	methodical	せっかち	impatient

63

◎関連する単語

そのシチュエーションで出現しそうな単語を集めました。単語集から伝えたい内容の単語を選んで応用してみましょう。

◎絵で見る単語集

イラスト入りでわかりやすい単語集です。絵辞典として楽しみながら単語を覚えましょう。

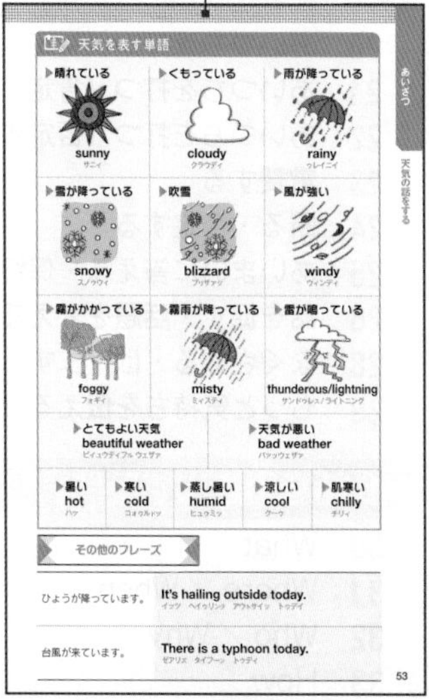
あいさつ　天気の話をする

天気を表す単語

▶晴れている sunny	▶くもっている cloudy	▶雨が降っている rainy
▶雪が降っている snowy	▶吹雪 blizzard	▶風が強い windy
▶霧がかかっている foggy	▶霧雨が降っている misty	▶雷が鳴っている thunderous/lightning

▶とてもよい天気 beautiful weather	▶天気が悪い bad weather

▶暑い hot	▶寒い cold	▶蒸し暑い humid	▶涼しい cool	▶肌寒い chilly

その他のフレーズ

ひょうが降っています。	It's hailing outside today.
台風が来ています。	There is a typhoon today.

53

CONTENTS

PART 1 まずはこれだけ！ 日常会話 基本フレーズ集

基本の使いまわしフレーズ

気持ちを伝えるあいづち・受け答え

会話を引き出す疑問詞

• 道を尋ねる・案内する

• 写真を撮る・依頼する

column

PART 2 あいさつ

column

PART 3 会話を充実させる

column

PART 4 食事へ出かける

PART 5 ショッピング

PART 6 観光

column

PART 7 道案内・交通機関

PART 8 訪問・宿泊

column

PART 1

まずはこれだけ！
日常会話基本フレーズ集

基本の使いまわしフレーズ

会話の基本となるあいさつやあいづちなどをまとめました。さまざまなシーンで役立ちます。

あいさつ よびかけ

こんにちは。

Hello.

ハェロゥ

朝と夜を除いた日中の長い時間使えるあいさつです。電話では「もしもし」と同じ意味になり、朝でも夜でも使います。

バリエーション

1 こんにちは。 ちょっとすみません。	**Hi.** ハイ ▶軽い呼びかけのように思われがちですが、知らない人や目上の人に使うこともできます。
2 やあ。	**Hey.** ヘイ ▶親しい間柄の人に対して使います。目上の人には失礼にあたるので使いません。
3 おはようございます。	**Good morning.** グッモーニング ▶ morning は「朝」だけでなく正午より前の午前中に使えます。
4 こんばんは。	**Good evening.** グッドイブニング ▶夕方以降に会ったときに使えるあいさつです。別れるときは Good night. となります。

知らない人に声をかける

すみません。

Excuse me.

イクスキューズミィ

街で誰かに尋ねたいとき、お店で店員さんを呼ぶときなどに使います。ぶつかってしまったときのとっさのひと言としても重宝します。

バリエーション

1 ちょっとよろしいですか？	**Do you have a minute?** ドゥユゥハブ　ア　ミィエニッ ▶直訳すると「お時間はありますか？」。自分に対して使ってくれる時間はあるかどうかを尋ねています。
2 英語はわかりますか？	**Do you speak English?** ドゥユゥスピィーク　イングリッシュ ▶相手の国籍がわからない場合、英語が話せるかどうかを確認するところからコミュニケーションが始まることも。
3 どうかしましたか？	**Is there any problem?** イズゼエァ　エニィ　プロブレム ▶ problem は「問題」。「問題がありましたか？」という意味。比較的、深刻そうな場合に使います。
4 何かお困りですか？	**Do you need help?** ドゥユゥニード　ヘェオプ ▶ Can I help you? も同様に使えます。
5 大丈夫ですか？	**Are you okay?** アァユゥオウケィ ▶短い言葉で相手の安否を尋ねることができます。体調などが心配なときに。

お礼を言う

ありがとうございます。

Thank you.

スェンキュウ

相手に感謝の意を伝えたいときに使われる万能フレーズです。目上の人や初対面の人など、誰に対しても使うことができます。

バリエーション

1 どうもありがとうございます。	**Thank you very much.** スェンキュウ　ヴィェリーマッチ ▶よりていねいに、深いお礼を言いたいときに使います。so much も同様に使えますが、ややカジュアルな印象です。
2 いつもありがとうございます。	**Thank you as always.** スェンキュウ　アズオールウェイズ ▶ as always は「いつものように」といった意味です。「前も助けてもらったけど、今回もありがとうね」といったニュアンスになります。
3 アドバイスをありがとうございます。	**Thank you for your advice.** スェンキュウ　フォォユアエァドバイス ▶ for のあとに続けると、「～をありがとうございます」という相手の具体的なことがらに対しての感謝を伝えることができます。
4 ありがとね。	**Thanks a lot.** スァンクス　アロッ ▶ややくだけた表現なので、親しい人のみに使うようにしましょう。
5 どういたしまして。	**You're welcome.** ユゥアウェォカム ▶ Thank you. と言われたときに返す言葉です。目上の人に対しては My pleasure. と言ってもよいでしょう。

断る

結構です。
No, thank you.
ノウォ　スエンキュウ

言い方によっては「よけいなお世話です！」とえらそうに響いてしまうことがあるので、やわらかく言うとよいでしょう。

バリエーション

1	いりません。	**I don't need it.** アイドンッツニーディッ ▶何かを勧められたときに、自分には必要がない、と思った場合の表現です。
2	できません。	**I can't do it.** アイキャアンツ　ドゥイッ ▶ Can you ～？という相手からの依頼を断るときに使います。
3	遠慮しておきます。	**Sorry.** スォオリィ ▶ I really wanna do that but I can't make it. をつけると、本当は相手の希望に沿いたい気持ちを表すことができます。
4	ちょっと考えさせてください。	**Let me think about that.** レッミィスィンク　アバウトザッ ▶すぐに決められず、返答を保留したいときの表現です。
5	すぐには決められません。	**I can't choose now.** アイキャンッ　チューズナェアウ ▶なんらかの理由ですぐに答えられない場合は、このように断りを入れてもよいでしょう。続けて理由を言いましょう。

謝る

ごめんなさい。

I'm sorry.

アイムスォオリィ

sorry は「申し訳なく思う」「残念に思う」「気の毒に思う」といった意味で、心から謝罪するときなどに使われます。

○ バリエーション

1	大変 申し訳ございません。	**I am terribly sorry.** アイムテリブリィ　スォオリィ ▶ terribly は「非常に」「ものすごく」「おそろしく」という意味で、尋常ではないことを表します。
2	私がまちがっていました。	**I was wrong.** アイゥワズゥロング ▶ wrong は「正しくない」。I think you have the wrong seat. で「席をまちがえていませんか」となります。
3	私のせいです。	**It's my fault.** イッツマイフォウト ▶ fault には「過失に対する責任」の意味合いがあります。It's my mistake. と言うこともできます。
4	そんなつもりじゃなかったんです。	**Please forgive me.** プリィズフォォギンミィ ▶直訳すると「許してください」。「大目に見てください」というニュアンスです。
5	大丈夫ですよ。	**It's OK.** イッツオウケィ ▶相手に I'm sorry. と言われたときの返答です。That's all right. や No problem. もよく使われます。

聞き返す

もう１度お願いします。

Come again.

カムアゲイン

相手の言っていることが聞き取れなかったときに使う言葉です。学校で習う Pardon? は、かしこまった表現です。

バリエーション

1 もう一度言ってもらえますか。

Say that again.
セイザッ　アゲイン
▶ Can you say it again? と言うと、よりていねいな表現になります。

2 すみません、聞き取れませんでした。

Sorry?
スォオリィ
▶ 聞き返すときのポピュラーな表現です。語尾を上げて言うのがコツです。

3 何ですって？

Excuse me?
イクスキューズミィ
▶ 呼びかけ以外でも「すみません（聞き取れませんでした）」の意味で使うことができます。語尾を上げて言います。

4 よく聞こえませんでした。

I didn't hear you.
アイディドゥン　ヒィャユウ
▶ 騒音で聞き取れなかったときなどに使います。あとに Can you repeat it? と続けてもよいでしょう。

5 もう少しゆっくり言ってもらえますか？

Can you say it slowly?
キィャンユウスェイッ　スロウリィ
▶ 相手の話すスピードが速くて聞き取れない、と思ったときに使います。

依頼する

～してくれませんか？

Can you～?

キィャンニュウ～

Can you のあとは、相手の行動にあたる動詞が入ります。自分の行動の場合は、Can I ～？です。Could ～とすると、よりていねいになります。

バリエーション

1	お手伝いをお願いできますか？	**Can you help me?** キィャンニュウ　ヘォプミィ ▶宿題や日常の手伝いをはじめ、幅広く使うことができます。
2	東京駅までお願いします。	**Will you go to Tokyo train station.** ウィルユゥゴウ トゥ　トウキョウトレインステイション ▶Will you ～？も Can you ～？と使い方は同じです。Would you ～？は、よりていねいな表現です。
3	水をいただけませんか？	**Would you mind giving me a cup of water?** ウッジューマインド　ギヴィンミィア　カップオブウォウタア ▶Would you mind ～？も、依頼するときのていねいな表現です。
4	手伝ってください。	**I need help.** アイニィィッ　ヘォプ ▶困っていることを端的に相手に伝えることができます。
5	この人を探してください。	**Please find this person.** プリィズファインッ　ディスパースン ▶直接的に自分の要望を伝えることになるため、相手の都合を確認してから使うようにしましょう。

わからないとき

私にはわかりません。

I don't know.

アイドンッノォウ

相手が求めている答えを知らない、答えられないときに幅広く使われる表現です。

バリエーション

1	さあ、どうでしょうかね？	**I really don't know.** アイ　ウリィアウリィ　ドンッノォウ ▶次回の宝くじの当選番号や来月の天気などまったく心当たりがないときに使われます。
2	まったくわかりません。	**I have no idea.** アイハヴノォウアイディァ ▶I don't know. よりも、「全然わからない」「さっぱりわからない」といったニュアンスです。
3	思い出せません。	**I don't remember.** アイドンッリメンバァ ▶I forgot.「忘れました」と同じ意味です。
4	何を言っているのかわかりません。	**I don't understand** アイドンッ　アンダァスタンッ **what you're saying.** ウワッユゥアセイインッ ▶そもそも何と言っているのかわからない、または内容が突拍子もないときなどの表現です。
5	それってどういう意味ですか？	**What does that mean?** ウワッ　ダズザッミィイン ▶新しく聞いた言葉や比ゆなど、言外に含まれていることを聞きたいときに使います。

気持ちを伝える あいづち・受け答え

あいづちの種類をたくさん知っていると、会話が盛り上がります。自分の気持ちをぴったり表せる表現を覚えておきましょう。

あいづちを打つ（肯定・否定のどちらでもない）

そうね。	**Yeah.** イヤァ ▶ yes は、相手の言うことの真偽に対して肯定する言葉なので、あいづちには使いません。
うん。	**Uh-huh.** ンーフーン ▶口を閉じたまま発音します。フランクな表現なので、親しい人にのみ使いましょう。
本当に？	**Really?** ウリィアウリィ
それ、本当？	**It's true?** イッ　トゥルー
本気で言ってる？	**Are you sure?** アーユゥ　シュウァ ▶言い方によっては「気は確か？」という意味にもなるので、気をつけましょう。
え、大丈夫？	**Are you alright?** アーユーオゥライッ
だから何？	**So what?** ソウ　ホゥワッ ▶「それがどうしたの？」といったニュアンスで、相手の真意を問いたいときに使います。
つまり、どういうこと？	**What is your point?** ウワッイズユァポインッ ▶話がまとまらず、相手が何を言いたいのかよくわからないときに使われます。

あいづちを打つ（肯定する）

私もそう思います。	**I think so.** アイスインクソゥ
わかります。	**I know.** アイノオゥ ▶おもに相手に共感する場合に使います。
なるほどです。	**I agree.** アイアグリィィドゥ ▶ agree は「同意する」の意味です。日本語らしい単なるあいづちとしての「なるほど」のときに。
その通りだと思います。	**That's right!** ザッツゥライッ
そうですよね。	**That's it.** ザッツイッ
そうなんですよ。	**Exactly!** エグザックリィ
そうかもしれませんね。	**It may be so.** イッ　メイビィソゥ ▶「たぶんそうですね」という肯定のニュアンスです。
うそですよね !?	**You must be kidding!?** ユウマスッビィ　キディンッ ▶「うそじゃないですよ」という答えを想定しての表現です。
よかったですね！	**That's good!** ザッツ　グッ ▶ good のほかにも、great などが使えます。
それは大変でしたね。	**I think it was not easy for you.** アイスインクイッワズノッ　イィズイフォユウ ▶ It was hard. とすると「実現困難」なニュアンスが強いため、not easy とするのが適切です。

あいづちを打つ（否定する）

ちがうと思います。	**I don't think so.** アイドンッ　スィンクソウ
それはないですよ。	**I don't believe it.** アイドンッブィリーブィッ ▶「ありえない」「信じられない」内容の話に対して使われます。
そんなわけないですよ。	**It can't be.** イッ　キャンッビィ ▶ can't be には「～のはずがない」という意味が含まれます。
まさか！	**Are you kidding?** アアユウゥ　キディンッ ▶「冗談ですよね？」という否定的な意味を込めて使われます。

引き受ける・賛成する

いいですよ。	**Yes.** イエス ▶承諾、同意、肯定の意思を示す場合などに使います。
もちろんいいですよ。	**Yes of course.** イエス　オフコォウス
まあ、いいですよ。	**OK.** オウケイ ▶ Yes of course. が快く引き受けるのに対して、OK はそこまでのテンションではありません。
やりますよ。	**I'll do it.** アイォ　ドウウイッ
言うとおりにします。	**I will follow your advice.** アイウィォ　フォロウユゥァアドバイス
賛成です。	**I agree with you.** アイアグリイウィズユウゥ

妥当だと思います。	**That's correct.** ザッツ　コレクトゥッ
それでいいです。	**That's fine.** ザッツ　ファイン

賞賛する

すごいですね。	**It's cool.** イッツ　クウオォ ▶ cool は「かっこいい」という意味合いです。
すごいですよ！	**That's great!** ザッツ　グゥレイッ
ほんとにすごいです！	**That's fabulous.** ザッツ　フェアブラス ▶ fabulous は「すばらしい」「豪華な」という意味があります。
すごくいいですね！	**Very good!** ヴィエリィ　グッ
すっごく いいと思います！	**I really like it!** アイ　ウリィアウリィ　ライクイッ ▶「私は気に入りました」という意味です。
信じられません！	**I can't believe it!** アイキィャンッ　ブィリーブイッ
すばらしすぎます！	**Fantastic!** フェアンタスティック ▶ fantastic には、ほかに「素敵」「幻想的」といった意味があります。
最高ですね！	**That's awesome.** ザッツ　ォアウサム ▶ awesome は、「すばらしい」「ものすごい」「恐ろしいほどに」を意味します。
まるで勇者ですね。	**You're like a hero.** ユゥ　ォアライクア　ヒィロゥ

天才ですか !?	**I think you are a genius.** アイスィンク　ユウゥアジーニアス
優秀ですね。	**I think you are an excellent person.** アイスィンク　ユウゥア　アンエクセレンッパーソン

断る・否定する

いやです。／ ちがいます。	**No.** ノウォ ▶拒否、断り、否定など、自分の意思が相手の意思に沿わない場合などに使われます。
お断りします。	**I won't do it.** アイウォンッ　ドウイッ
必要ありません。	**It's not necessary for me.** イッツ　ノットネッセサリィ　フォウミィ
できません。	**I can't do this.** アンキィャンッ　ドゥディス
やりたくありません。	**I don't want to do it.** アイドンッウォントゥ　ドウイッ
気乗りしません。	**I don't feel like going.** アイドンッ　フィールライク　ゴーイング
きらいです。	**I don't like it.** アイドンッ　ライクイッ ▶「きらい」を意味する hate は「憎む」という敵意を含む場合のみ使われます。
受け入れがたいものがありますね。	**It might be difficult to accept your idea.** イッマイトビィ　ディェフェカゥ　トゥ　アクセットユウアアイディア ▶It might be ～ . は「～の可能性がある」といった少しぼかすニュアンスがあります。
そうは思いません。	**I don't think so.** アイドンッスィンク スゥオ

そうじゃないんです。	**That's not true.** ザッノットゥルゥ
それはちがいます。	**It's wrong.** イッツゥロング ▶ wrong は面と向かって「ちがう」と言う強い表現になるため、確信のある場合のみ使います。
誤解です。	**It's a misunderstanding.** イッツ　ア　ミスアェンダァスタンディング
私は反対です。	**I don't agree.** アイドンッ　アグリィ
却下します。	**I will decline.** アイウィォ　ディクライン

あいまいに答える・保留にする

たぶんそうですね。	**Maybe it could be.** メイビィ　イックッビィ
だいたいそんな感じだと思います。	**I think it's almost like that.** アイスィンク　イッツオウモウスッ　ライクザッ
時と場合によりますね。	**It's depends on the situation.** イッツ　ディペンズオン　ザシチュウェイシィォン ▶ It's depends on ～は「～による」を表します。
そうでもないですよ。	**Not really.** ノットゥ　リィアウリィ
そうとも限らないと思いますよ。	**Not necessarily.** ノット　ネッセサリリィ ▶ necessarily は「必ずしも～」という意味です。
そのうちね。	**Some day.** サムデェイ

気が変わったら 行くかもしれません。	**If I change my mind I might go.** イフアイチェンジマイマイン　アイマイッゴゥ ▶ I might go. だけだと、「(どちらかと言うと) 行く」となります。
これ、 あとでもいいですか？	**Can we do this later?** キャンウィドゥディス　レイタァ

話を促す・話題を変える

どう思います？	**What do you think?** ウワッ　ドゥユウスィンク
どうぞ続けてください。	**Keep going.** キィプ　ゴォウィング
それで？	**And then?** エンゼン
その後 どうなったんですか？	**What happened after that?** ウワッハップンッ　アフタァザッ
その話、くわしく 聞かせてください。	**Tell me more.** テェオウミィ　モォウア
そういえば。	**By the way.** バイザウェイ
話を変えましょう。	**Let's change the subject.** レッチェインジ　ザ　サブジェクッ

感情を表現する

とっても楽しいです。	**I am having fun.** アイアムハヴィング　フェアン

お会いできて うれしく思います。	**I'm so happy to meet you.** アイム　ソォウハッピイトゥ　ミィトゥユウ
メロンが大好きです。	**Melons are my favorite.** メェラォンスアァ　マイフェイバリッ
これから彼に 会えると思うと わくわくします！	**I feel so excited to meet him today.** アイフィィオ　ソォウエキサイテッドゥ　ミィッヒム　トゥデイ
言葉にできません……。	**I can not say anything.** アイキィャンノッセェイ　エニィスィング ▶ can't ではなく can not とすることで、感情を強く表現することができます。
感動しました。	**I was impressed.** アイウワズ　インプレスッ ▶ be impressed は「印象的だった」「感銘を受けた」というニュアンスです。
うれしくて 胸がいっぱいです。	**I'm happy and I am so blessed.** アインムソォウハッピィィ　エンド　アイアムソウブレストッ ▶ blessed は「幸福な」「恵まれた」「ありがたい」など、幸運に感謝する意味が含まれています。
おめでとう ございます！	**Congratulations!** コングラッチュレイションズ ▶近しい人に対してや、SNS などでは Congrats! という表現も使われます。
びっくりしました。	**I was surprised.** アイウワズ　サプライストゥッ
ショックです……。	**I'm shocked.** アイム　ショックトゥッ
切ないですね。	**That's melancholy.** ザッツ　メランコリィ ▶「切ない」に相当する英語はありません。melancholy はとくに異性に会いたい気持ちを表します。
許せません。	**I can't forgive.** アイキャントフォォギブ
本気で言ってる？	**Seriously?** シィリアスリィ ▶すぐには信じられないようなできごとに対して使われます。親しい人にのみ使うとよいでしょう。

頭にきました。	**I am so mad.** アイアム　ソォウ　マエアド
イライラします。	**I am frustrated.** アイアム　フラストレイテッ

なぐさめる・はげます

お気の毒です。	**I am sorry to hear that.** アイアムソゥォウリトゥ　ヒィヤザッ ▶ sorry は「気の毒に思う」の意味です。
元気出してくださいね。	**Don't worry about it.** ドントウォォリィ　アバウトイッ
がんばってください！	**You can do it.** ユウキャンドゥイッ ▶「がんばって」に相当する英語はありません。スポーツなどでは Go! も使われます。
落ち着いてください。	**Calm down.** カァンムダウン
心配ないですよ。	**Don't worry.** ドンウォーリィ ▶オーストラリアでは No worries. という言い方が流行してきています。
切り替えていきましょう！	**Move on.** ムゥブオン ▶「どんどん前に進みましょう」というニュアンスです。
忘れたほうがいいですよ。	**You should just forget about it.** ユゥシュッジャスト　フォゲット　アバウトイッ
気にすることないですよ。	**Never mind.** ネバァマインド
どうってことないですよ。	**That's nothing.** ザッツナッスィング

あなたのせいじゃないですよ。	**It's not your fault.** イッツノッ　ユウァフォアウト
あなたがそんなつもりじゃなかったことはわかっていますから。	**I know you didn't mean it.** アイノォウ　ユウディデウント　ミィインイッ
よくがんばりましたね。	**You did it.** ユウディドゥイッ
前より よくなりましたね。	**Better than before.** ベトゥア　ザン　ビフォウァ
きっと大丈夫ですよ。	**I think you will be ok.** アイスィンク　ユウウィィォビィオウケイ
そのうちいいことありますよ。	**Better luck next time.** ベトゥアラック　ネクストタイム
いつでも 話を聞きますよ。	**I will always listen to you.** アイウィィォオォウェイズ　リッスントゥユウ

もっと気持ちを伝える（強調）

どうしてもライブに行きたいんです。	**I really want to go to a concert.** アイ　ゥリィアウリィ ウォントゥ　ゴウトゥ　アコンスァト ▶ really を使うと切実さが増します。
絶対にまた 会いましょうね。	**I hope we can meet again soon.** アイ　ホォウプ ウィキャン ミィィッアゲインスウウン ▶ soon「すぐに」とつけることで、会いたい気持ちを強調しています。
何が何でも あなたの力に なりたいんです。	**I want to help you no matter** アイゥウォントゥ　ヘェオプ　ユウ　ノォマトゥア **what you need.** ゥワッ　ユウ　ニィィ ▶ no matter what you need は、「たとえあなたが何を望んでも問題はない」を意味します。

会話を引き出す疑問詞

what、where、when、who、why、how の 5W1H を使うと会話を広げることができます。それぞれの意味と使い分け、いろいろな使い方を知っておくと便利です。

What（もの・こと）

何
What
ウワッ

「何」「どんな」などの意味があります。相手のものやことに興味を持って、くわしく尋ねると会話が弾むでしょう。

これは何ですか？	**What is this?** ウワッイズディス
何を しているんですか？	**What are you doing?** ウワッアァユウゥドゥイン
お仕事は何ですか？	**What do you do for a living?** ウワッドゥユドゥ　フォゥアリビング ▶直訳すると「生活のために何をしていますか？」で、仕事について広く聞くことができます。
今何時ですか？	**What time is it now?** ウワッタイム　イズイッネェアウ
どんな猫を飼って いるんですか？	**What kind of cat do you have?** ウワッカインドゥオブキィャアット　ドゥユゥハブ ▶ What kind of 〜は、何かの種類を尋ねるときに使います。

どこ Where ウウエェァ （場所）

建物や施設、地名などを聞きたいときに使う言葉です。道を尋ねるときに頻出します。

郵便局はどこにありますか？	**Where is the post office?** ウウエェァイズザ　ポァストゥオフィス
どこに住んでいますか？	**Where do you live?** ウウエェァ　ドゥユゥリヴ
それはどこで買えますか？	**Where can I buy this?** ウウエェァ　キャナアイ　バイディス

いつ When ウウエン （時）

時期や日付などを尋ねるほか、「どんなとき（場合）に～？」と聞くこともできます。

誕生日はいつですか？	**When is your birthday?** ウウエンィズユゥア　ヴゥァアスディ
何時に学校に行きますか？	**When are you going to school?** ウウエン　アァユゥゴゥイン　トゥスクーウォ ▶正確な時刻ではなく、だいたいの時間を聞きたい場合は When を使います。
夏休みはいつからいつまでですか？	**When is your summer vacation?** ウウエンィズユゥア　サマァヴァケイション
いつランチを食べられますか？	**When can I eat lunch?** ウウエンキャナアイ　イィッ　ランチ ▶「いったいいつになったら私はランチを食べられるのでしょうか？＝早くランチが食べたい」の意味で使われることもあります。

誰 Who フウゥ （人）

「誰」「どの人」など、人物に関することを尋ねる場合全般に使われます。

誰があなたの友だちですか？	**Who is your friend?** フウゥイズユゥア　フレンド
誰に教わったんですか？	**Who taught you this?** フウゥタァウッ　ユゥディス
誰に似てるって言われますか？	**Who do you look like?** フウゥ　ドゥユゥルックライク
どちら様ですか？	**May I have your name?** メイアィ　ハヴユァ　ネイム ▶おもに電話口で相手の素性を尋ねる際などに使います。

なぜ Why ゥワイ （理由）

「なんで」「どうして」「何のために」を意味し、理由、原因、動機などを尋ねるときに使います。

なぜ英語の勉強をしているんですか？	**Why do you study English?** ウワイ　ドゥユゥスタディ　イングリッシュ
なんでこの映画を観ることにしたんですか？	**Why did you decide to watch this movie?** ウワイ　ディドゥユゥ　ディサイトゥ　ウワッチディスムゥビィ ▶ decide to ～は「～することに決める」という意味です。
なんで出かけるの？	**Why do you need to go out?** ウワイ　ドゥユゥ　ニィットゥ　ゴォウアウッ ▶出かける理由を聞いているのではなく、「≒出かけないで」の意味合いの場合もあります。

How（方法・手段・程度）

どう
How
ヘェァウ

「どうやって」「どのくらい」「どのような」など、状況や状態について幅広く使える疑問詞です。

どうやって作ったんですか？	**How did you make it?** ヘェァウ　ディッジュウ　メイクイッ
どうしたら英語が話せるようになりますか？	**How can I speak English fluently?** ヘェァウキャナアイ　スピィクイングリッシュ　フウエントリィ ▶ fluently は「ペラペラに」「流暢に」という意味です。
あそこに行くにはどうしたらいいですか？	**How can I get there?** ヘェァウ　キャナアイ　ゲッゼェァア
これは英語で何と言うんですか？	**How do you say this in English?** ヘェァウ　ドゥウユゥセイディス　インヌ　イングリッシュ ▶「何と言う」の「何」は What ではなく How のほうが適しています。
どのくらい食べられますか？	**How much can you eat?** ヘェァウマッチ　キャニュウイィッ
どのくらい住んでいるんですか？	**How long have you lived here?** ヘェァウロング　ハヴユゥリヴッ　ヒィヤァ ▶「○年くらい」という期間が知りたい場合は、When ではなく How long ～を使います。

道を尋ねる・案内する

旅先で道を尋ねたり、日本に来た外国人への道案内に使えるフレーズを紹介します。

道を尋ねる

行きたい場所を尋ねる

～はどこですか？

Where is～?

ウウエェァイズ

探している場所を聞くときにもっともよく使うフレーズです。

○ バリエーション

駅はどこですか？	**Where is the train station?** ウウエェァイズ　ザ　トゥレインステイション
図書館に行きたいんですが。	**I want to go to the library.** アイウウォントゥ　ゴウトゥ　ザ　ライブラリィ
水族館はこの道ですか？	**Is this street going to the aquarium?** イズディスストゥリーッ　ゴウイントゥ　ジ　アクアリウム ▶この先に進んで目的地にたどり着けるかどうかを確認したいときに使います。

行き方を尋ねる

どうやって行けばいいですか？

How do I get～?

ヘェアウ　ドゥアイゲッ

交通手段なども含めて尋ねるときのフレーズです。

バリエーション

空港へは どうやったら 行けますか？	**How do I get to the airport?** ヘェアウ　ドゥアイゲッ　トゥジエアポーッ
バス停が どこにあるか ご存知ですか？	**Do you know where the bus stop is?** ドゥユゥノゥ　ウウエェァ　ザ　バスストップ　イズ
スタジアムはこの道で 合っていますか？	**Is this the right way to the stadium?** イズディスザライトウェイ　トゥザスティディアム

今いる場所を尋ねる

ここはどこですか？

Where am I?

ウウエェァ　アムアイ

自分がどこにいるのかを知りたい場面で使われます。

バリエーション

道に迷いました。	**I'm lost.** アイムロスッ
ここはこの地図でいうと どこですか？	**Where is this place in this map?** ウウエェァ　イズディスプレイス　インディスマッ

道を教える

道順を示す

この道をまっすぐです。

Go straight.

ゴウストゥレイッ

○ バリエーション

あの角を右に 曲がってください。	**Turn right at that corner.** タォアンゥライッ　アッザッコォウナアア
突き当たりを左に 曲がってください。	**Turn left at the dead-end street.** タォアンレフト　アッザ　デッツエンストゥリーッ
すると、 右手に見えます。	**And you will see it on your right side.** エン　ユウウィォスィィイッ　オンニュウアゥライッサイド

目印を示す

銀行の隣にあります。

Next to the bank.

ネクスットトゥザバンク

○ バリエーション

コンビニの 向かい側です。	**In front of the convenience store.** インフラントオブ　ザコンヴィニエンスストォア ▶ in front of ～は「～の前」という意味です。
あの大きなビルの ４Ｆです。	**Fourth floor of that tall building.** フォウスッフロォア　オブザッ　トォオウビルディング

方向と方角

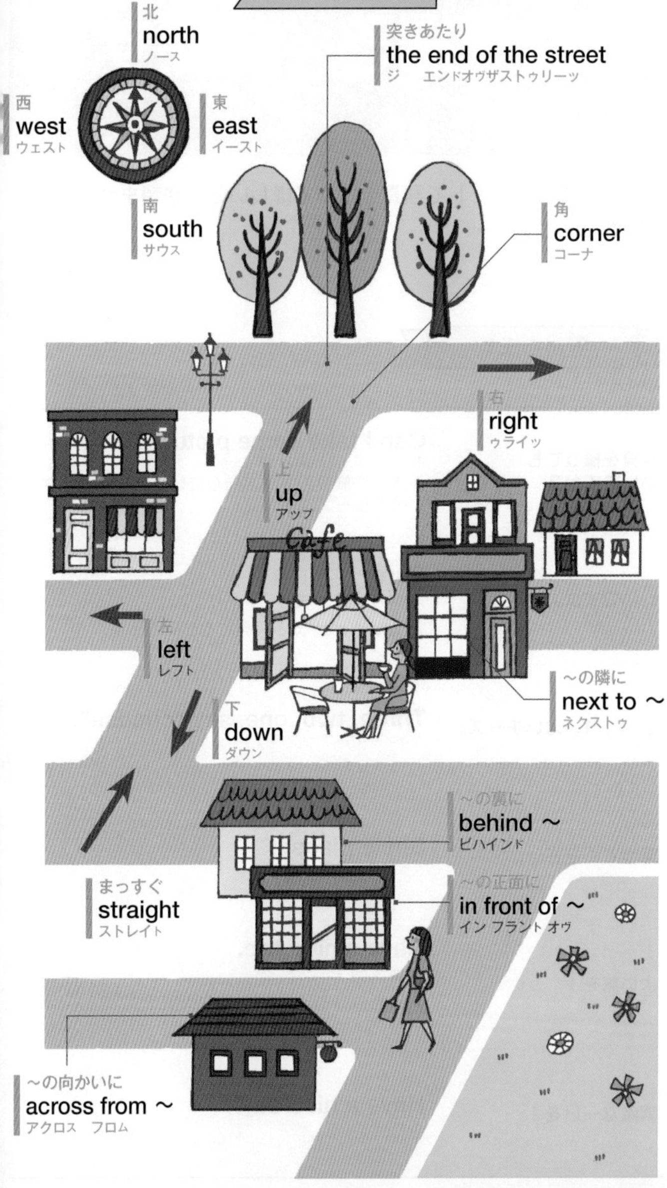
北
north
ノース
西
west
ウェスト
東
east
イースト
南
south
サウス
突きあたり
the end of the street
ジ　エンドオヴザストゥリーッ
角
corner
コーナ
右
right
ゥライッ
上
up
アップ
Cafe
左
left
レフト
下
down
ダウン
～の隣に
next to ～
ネクストゥ
～の裏に
behind ～
ビハインド
～の正面に
in front of ～
イン フラント オヴ
まっすぐ
straight
ストレイト
～の向かいに
across from ～
アクロス　フロム

写真を撮る・依頼する

街なかや観光スポットで写真を撮ってほしいときや頼まれた場合の受け答え例です。

写真を撮る

写真を撮ってもいいですか？	**Can I take some pictures?** キャンナィテイク　サンピクチャーズ ▶店内や施設の写真を撮りたいとき、ひと声かけるフレーズです。
いいですよ。	**Sure.** シュウウア ▶Yes, I can. で答えることもできます。
3、2、1、はいチーズ。	**Three, two, one, say "cheese".** スリー　トゥー　ワン　セイチーズ
笑ってください。	**Smile please.** スマイォ　プリィィズ
よい旅を！	**Have a nice trip.** ハヴア　ナイストゥリップ ▶観光している人への別れのあいさつとして定番のフレーズです。
素敵な一日を！	**Have a nice day.** ハヴァナイスデイ

写真を依頼する

写真を撮ってもらってもいいですか？	**Can you take a picture of us?** キャンニュウ　テイクアピクチュァアオブアス ▶ Can you ～？を Could you ～？とすることもできます。
ここのボタンを押して下さい。	**Press this button here.** プレスディスバァエタン　ヒイィア
一緒に写真を撮ってもらえませんか？	**Can we take a picture together?** キャンウィテイクアピクチャァ　トゥギャザァ

ピースサインは日本だけ？

日本で写真を撮るときのお決まりのポーズといえばピースサインですが、海外の人たちは写真を撮るときにピースサインはしません。モデルのように姿勢よく立ったり、複数で撮るときはお互いが近寄って肩を組んだりします。ハワイではアロハポーズ（シャカサイン）が有名ですね。なお、相手に手の甲を見せてピースをする「裏ピース」は、海外では侮辱の意味になるので、海外の人の前ではしないほうが無難です。

海外の人とのコミュニケーションで気をつけたいマナー

さまざまな情報を容易に見聞きできる昨今は、外国の文化や習慣に対してお互いにある程度は理解し合えているように思います。でも、もしも相手が心の中で不快に感じているとしたら……。スムーズなコミュニケーションのためのマナーをおさえておきましょう。

マナー①　会話する相手を認めよう

海外の人と会話をするときは、「私は今あなたと話しています」「私はあなたの話を聞いています」という態度を見せることが大切です。どうすればよいかというと、まずは相手の目を見て話すことです。印象がよくなるだけでなく、会話の内容も伝わりやすくなります。にこやかな表情ができればもっと効果的です。

マナー②　話しかけられたら沈黙しないで

海外の人に何かを尋ねられたとき、黙ったまま考え込んでしまうと、相手は「聞こえたのかな、理解してくれたかな」と不安な気持ちになります。考えるときに日本語で「えーっと」というのと同じ調子で、「ンー」「アー」などと口にしてみましょう。答えを考えているところだということが相手に伝わります。

マナー③　地図を指差すときは人差し指で

ホワイトボードや書類を指差すとき、中指を使う人をたまに見かけます。欧米では中指を立てるしぐさが強烈な侮辱にあたるため、気になる人も少なくないようです。地図の道順などを指し示すときは、人差し指や手のひら全体を使いましょう。

マナー④　あいづちは大切。でもやりすぎはNG

適度にあいづちを打つことはコミュニケーションを図るためにとても大切です。ところが、会話中頻繁にうなずきながらあいづちを打ち続ける人が、日本人にはとくに多いと言われます。海外の人には不自然に見えるようで、なかには話をせかされているように感じるという声も。あいづちは、話の途中ではなく、相手が一つのセンテンスを言い終わるタイミングで打つようにしましょう。

PART 2

あいさつ

あいさつ・声かけ

Ⓑ はじめまして。
Nice to meet you.
ナイストゥ ミーチュゥ

Ⓐ こんにちは。
Hello.
ハェロォウ

Ⓒ よろしくお願いします。
Nice to meet you, too.
ナイストゥミーチュゥ トゥー

Nice to meet you. には「これからどうぞよろしくお願いします」の意味も含まれます。2回目以降に会った人には使われません。

Ⓐ バリエーション（時間帯による使い分け）

おはようございます。	**Good morning.** グドゥ　モウォニング
こんにちは。	**Good afternoon.** グドゥ　アフタヌーン ▶午後から夕方まで使えます。
こんばんは。	**Good evening.** グドゥ　イブニング
どうも。	**Hi.** ハイ ▶時間を問わず、「こんにちは」の意味で、呼びかける際にいつでも使うことができます。

Ⓑ バリエーション

はじめまして。	**Very nice to meet you.** ヴィェリー　ナイストゥミーチュゥ
また会えましたね。	**Nice to meet you again.** ナイストゥ　ミーチュゥ　アゲイン
お目にかかれると思いませんでした。	**I didn't expect to see you.** アイディドゥントッ　エクスペクッ　スィーユゥ
お会いできると思っていませんでした。	**I'm surprised to see you.** アィムサプライズドゥトゥスィーユゥ
お会いできて光栄です。	**Great to see you.** グレィトゥ　スィーユゥ
お会いできてうれしいです。	**I'm glad to see you.** アインムグラットゥ　スィーユゥ

Ⓒ バリエーション

どうぞよろしくお願いします。	**It's nice to meet you.** イッツナイストゥミーチュゥ

自己紹介をする

D
わたしは マリア スミスです。
My name is Maria Smith.
マイネイムイズ マリア スミス

E
いい名前ですね。
I like your name.
アイライク ユアネイム

D ・バリエーション

わたしは 平沢貴司 といいます。	**I am Takashi Hirasawa.** アイアム タカシ ヒラサワ
名前は 歩 といいます。	**My first name is Ayumi.** マイファーストネイム イズ アユミ
名字は 鈴木 です。	**My last name is Suzuki.** マイラスト ネイム イズスズキ

E ・バリエーション

きれいな名前ですね。	**That's a beautiful name.** ザッツア ビィュウティフゥネイム
すてきな名前ですね。	**You have a nice name.** ユウハヴァ ナイスネイム
シンプルですね。	**Very simple.** ヴィェリー シンプゥ
覚えやすいですね。	**That's easy to remember.** ザッツイージー トゥリメンバー

その他のフレーズ

みなさんこんにちは。	**Hello everyone.** ハエロォ　エヴリワン ▶複数の人の前であいさつをする場面では、everyoneを使うとよいでしょう。
名前は何ですか？	**What's your name?** ホワッツュアネイム ▶よりていねいに言いたい場合は、Can I have your name please? という表現もあります。
お名前は……？	**Your name is ....?** ユアネイムイズ ▶会うのが２回目以降の場合、「あなたの名前は何でしたっけ？」という意図で使われます。
私は日本人です。	**I am Japanese.** アイアムジャパニィイズ
お名前は誰がつけたんですか？	**Who named you?** フーネイムドユウ ▶ name の動詞形には「名づける」という意味があります。
まわりからは「ケン」とよばれています。	**I'm called "Ken".** アインムコーゥドゥ　ケン
「スージー」とよんでください。	**Call me "Susie".** コーゥミー　スージー
純子の「純」は純粋という意味です。	**The "jun" of "Junko" means "pure".** ザジュンオブジュンコ　ミーンズピュゥア
おいくつですか？	**How old are you?** ハウオォウルドアーユゥ ▶英語圏ではアジアほど年齢を気にしません。必要な場合のみ使うとよいでしょう。
ここへ来るのは初めてですか？	**Is this your first time coming here?** イズディスユア　ファーストタイム　カミングヒヤァ

見知らぬ人に声をかける

F

すみません。ちょっとよろしいですか？

Excuse me,
エクスキューズミィ
Do you have a minute?
ドゥユゥハヴ　ア　メネッツ

G

もちろんです。どうかしましたか？

Yes, How can I help you?
イエェス　ハウキィャナイ　ヘォプ　ユー

F ・バリエーション

お願いがあるのですが。	**Could you help me please.** クッジュヘォプミィ　プリーズ
お尋ねしても よろしいですか？	**Can I ask you a question?** キィャナイ　アスクユウ　ア　クエスチョン

G ・バリエーション

どうしましたか？	**What happened?** ホワットハプンツ
道に迷ったんですか？	**Are you lost?** アーユゥルォスト
ちょっと待って もらえますか？	**Wait a minute please.** ウェイトアメィニッ　プリーズ ▶ One moment please. も同じ意味で使われます。
ごめんなさい、 今時間がないんです。	**Sorry, I'm busy.** ソウォリー　アインムビズウィ

その他のフレーズ

英語は話せますか？	**Do you speak English?** ドゥユゥスピークイングリッシュ ▶外国人でも英語を話す人かどうかわからないときに使えます。
わかりますよ。	**Yes, I do.** イエエス アイドゥ ▶何かを聞かれたときに「Yes/No」だけで答えがちですが、最後の do までしっかり答えましょう。
少しだけなら。	**Just a little.** ジャストアリトォ
ご一緒してもいいですか？	**Can I go with you?** キィャナイゴーウィズユゥ ▶観光地などで同行する場合に使います。
これはあなたのものですか？	**Is this yours?** イズディスユアーズ ▶何か落としたり忘れ物をしたりした人がいた場合に使えます。

久しぶりに会ったとき

久しぶりですね。	**Long time, no see.** ロングタイム ノゥスィー
ずいぶん久しぶりですね。	**It's been too long.** イッツビーントゥロング
しばらく会っていませんでしたね。	**I didn't see you for a long time.** アイディドゥンツ スィィユウ フォゥアロングタイム
去年会って以来ですね。	**I haven't see you since last year.** アイハヴゥントスィーユゥ スゥインス ラストイヤー
どうしてましたか？	**How have you been?** ハウ ハヴユゥビーン

最近どう？	**What have you been up to?** ホワッ　ハブユゥビーン　アップトゥ ▶直訳すると「何か変わったことはあった？」。親しい人へのあいさつに使う言葉です。
悪くないね。	**Not bad.** ノット　バアッド
やっと会えましたね。	**I finally met you.** アイファイナリィメットユゥ ▶ finallyは「ついに」「やっと」「ようやく」といった意味があります。

周囲の人を紹介する

彼女のことは知っていますか？

Do you know her?

ドゥユゥノゥハァ

うわさは聞いています。

I've heard that before.

アイヴハードザッビフォウ

バリエーション

よく知っていますよ。	**Sounds familiar.** サウンズ　ファミリィヤ
いい人そうですね。	**She seems nice.** シーシームス　ナイス
いいえ、知りません。	**No, I don't know.** ノウォ　アイドンッノウ

その他のフレーズ

夫の ハヤト です。	**This is my husband , Hayato .** ディスイズマイハズバンド ハヤト
うちの娘たちです。	**These are my daughters.** ディーズアア マイドォウタアウズ
マナ です。	**This is Mana .** ディスイズマナ
友人の マナ です。	**Mana is my friend.** マナイズマイフレンド
子どものころ からの友だちです。	**We've been friends since childhood.** ウィヴビーンフレンズ スウインス チャルドホッド ▶ She is my childhood friend. とも言います。
同じ学校に 通っていたんです。	**We went to the same school.** ウィーウェントゥ ザ セイムスクーォ
共通の友人がいます。	**We have the same friends.** ウィハヴザ セイムフレンズ
上司にあなたを 紹介しますね。	**I can introduce you to my boss.** アイキャンイントロディユウス ユウトゥ マイボス ▶ Let me introduce my boss. だと、「うちの上司を紹介させてください」になります。
上司とは以前 会ったことが ありますか？	**Have you met my boss before?** ハヴユウメッマイボス ビフォウア
いいえ、ありません。	**No, I haven't.** ノウォアイハヴント
同僚の マーク です。	**This is my co-worker Mark .** ディスイズ マイ コオウァアウォーカア マーク ▶英語圏では先輩・後輩の概念はありません。年齢や会社に入った時期は重視されないのです。

調子を尋ねる

こんにちは。調子はどうですか？
Hi. How are you?
ハイ　ハウアユゥ

まぁ、いいほうですね。　あなたは？
I’m good, and you?
アインムグッド　エンニュウ

元気です。ありがとう。
I’m fine, thank you.
アインムファイン　スエンキュウ

お仕事はどうですか？
How’s work?
ハウズワーク

悪くはないですよ。ご家族はお元気ですか？
Not bad. How is your family?
ノットバッ　ハウイズユアファミリィ

とても元気ですよ。
Pretty good.
プリティグッ

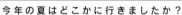

今年の夏はどこかに行きましたか？
Did you go anywhere this summer?
ディジュゴォエニウェアディスサマァ

いいえ、忙しくって行けなかったんです。
No, I couldn’t go anywhere
ノゥオ　アイクゥドゥント　ゴォウエニウェア
because I was busy.
ビコウズ　アイウァズ　ビズゥイ

I バリエーション

調子はどうですか？	**How is it going?** ハァウイズイッ　ゴォウイン
最近どう？	**What's new?** ホワッツニィユウ ▶最近のできごとを聞いています。
最近どうして ましたか？	**What's new in your life?** ホワッツニィユウ　インニュアライフ ▶直訳すると「何か新しいことはあった？」。相手の近況について尋ねています。
何か変わったことは ありましたか？	**What's going on with you?** ホワッツゴォウイノン　ウィズユウ

J バリエーション

とてもいいです。	**I'm great.** アインム　グレエイト
微妙……。	**So-so.** ソウソウ
忙しくて疲れています。	**I'm tired because I was busy.** アイムタイアッドビコウズ　アイワズビズウィ

K バリエーション

ハロウィンコスチューム は何か着ましたか？	**Did you wear any costume** ディジュウェア　エニィ　コスチューム **for Halloween?** フォハロウィン ▶世間話のひとつに、季節のイベントについて話すことがあります。
新しい映画は 観ましたか？	**Did you watch the new movie?** デイジュウォッチザニュウムウビイ

天気の話をする

A

今日はいい天気ですね。

It's a beautiful day today.

イッツア　ビィュウティフゥ　デイトゥデイ

ほんとうですね。

Yes, it is.

イエェス　イッティイズ

日本と同様、海外でも日常的に天気の話は出てきます。さまざまな表現を覚えておくと便利です。

A　バリエーション

天気がいいですね。	**The weather is good today.** ダウェザァイズ　グットゥデイ ▶ good を nice にしても使えます。イギリスでは lovely がよく使われます。
晴れていますね。	**It's a sunny day.** イッツア　サニィデイ

天気を表す単語

▶晴れている

sunny
サニィ

▶くもっている

cloudy
クラウディ

▶雨が降っている

rainy
ゥレイニイ

▶雪が降っている

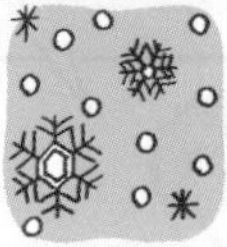

snowy
スノゥウィ

▶吹雪

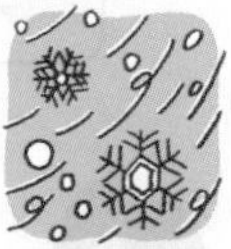

blizzard
ブリザァッ

▶風が強い

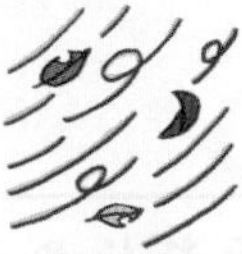

windy
ウィンディ

▶霧がかかっている

foggy
フォギィ

▶霧雨が降っている

misty
ミィスティ

▶雷が鳴っている

thunderous/lightning
サンドゥレス/ライトニング

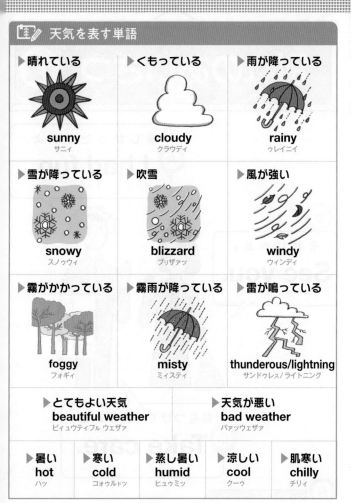

▶とてもよい天気
beautiful weather
ビィュウティフル ウェザァ

▶天気が悪い
bad weather
バァッウェザァ

▶暑い **hot** ハッ	▶寒い **cold** コォウルドッ	▶蒸し暑い **humid** ヒュウミッ	▶涼しい **cool** クーゥ	▶肌寒い **chilly** チリィ

その他のフレーズ

ひょうが降っています。	**It's hailing outside today.** イッツ　ヘイゥリング　アウトサイッ　トゥデイ
台風が来ています。	**There is a typhoon today.** ゼアリズ　タイフーン　トゥディ

別れのあいさつ

楽しかったですよ。
Ⓐ **I had fun.**
アイハッ　ファン

Ⓑ
それじゃあ。
See you.
スゥィイ　ユウ

気をつけてくださいね。
Ⓒ **Take care.**
テイッ　ケア

Ⓐ バリエーション

とっても 楽しかったですよ。	**It was great.** イッワズ　グレイッ
いい時間が 過ごせました。	**I had a great time.** アイハッア　グレイトタインム
行かなくちゃ。	**Gotta go. / I have to go.** ガラゴオ／アイハフトゥ　ゴオォ ▶口語的でフランクな言葉なので、親しい人に対してのみ使われます。

B ・バリエーション

またね。	**See you soon.** スィイユウ　スーン ▶ See you. にはまた会いたい気持ちが含まれ、また会うことを想定して使われます。
またあとでね。	**See you later.** スィイユウ　レイタァ
また会いましょうね。	**See you again.** スィイユウ　アゲイン
また今度 会いましょう。	**See you next time.** スィイユウ　ネクスッタイム ▶次に会う日にちが決まっている場合は、next time の部分に tomorrow などを入れます。
さようなら。	**Goodbye.** グッバァイ ▶ Goodbye. は、次に会う予定はない、また会えるかわからない、という場面で使われます。
じゃあね。	**Bye for now.** バイフォウォ　ナエァウ ▶親しい間柄の人に使えるフランクな言葉です。またすぐに会うことを想定しています。
よい 1 日を。	**Have a great day.** ハヴア　グレイッデイ
メールしてね。	**Text me.** テクスッ　ミイ ▶アメリカでは、LINE はポピュラーではなく、テキストメッセージでのやりとりが一般的です。

C ・バリエーション

楽しんでくださいね。	**Enjoy. / Have fun.** エンジョイ／ハウ　ファン ▶別れ際のあいさつとして一般的です。旅行や食事など相手の楽しみが続く場合に使います。
気をつけてくださいね。	**Be careful.** ビイ　ケェアフゥ ▶別れ際のあいさつとして幅広いシーンで使えます。
ご家族によろしく 伝えてくださいね。	**Say “hi” to your family.** セイハァイ　トゥユアファミリィ

英語の表現について知ろう

よく「聞く」をすべてhearで表す方がいます。聞くは英語では複数あり、シチュエーションによっても変わってきます。

例えば、先生の話を聞く、音楽を聴くなどはlistenを使います。また、飛行機の音や車の音など、注意して聞いているわけではなく、なんとなく聞こえてくるものはhearを使います。このため、教材のhearingというのはおかしな表現になってしまいますのでご注意ください。

「見る」も同様です。こちらも英語には複数あります。lookは見てほしいものを指す動きに使われることが多く、look at this bookなど、自分が見るのではなく、他人に見てもらうために使われることがあります。

watchは長時間にわたって見続けるときなどに使うため、映画やテレビを見る際によく使われます。

seeは比較的に短時間、例えば写真などを見たりする際や、視界に入ってきたものを見るときに用いられることが多いです。

知っておきたい短縮形のニュアンス

初心者の方が英語を難しいと感じる理由はいくつもありますが、「短縮形」もその一つです。中学校で教わる基本的な短縮形には、I am = I'm、Who is = Who's、you will = you'll、is not = isn'tなどがありますが、効率を重視する欧米人のほとんどが短縮形を使って会話をするため、これを知らないと相手の発言が聞き取れません。日頃、英文を見聞きする機会があれば、ネイティブがどのように言葉を短縮して話しているかチェックしてみるとよいでしょう。

また、短縮形のなかには、2通りに短縮できる言葉があります。例えば、it is not = it isn't / it's not、you are not = you aren't / you're notなどです。ネイティブによると、ごくふつうの日常会話ではこれらを意識的に使い分けているわけではなく、その人の話し方のクセや好みによるものだそうです。

PART 3

会話を充実させる

出身や拠点を尋ねる

どこから来たんですか？
Where are you from?
ゥウエェァ　アーユーフロム

A

（アメリカの）オーランドです。
I’m from Orlando.
アイムフロムオーランドゥ

オーランドはどんなところですか？
What’s in Orlando?
ホワッツインオーランドウ

B

楽しいところですよ。
Orlando is a fun place.
オーランドウイズア　ファンプレイス

Where are you from? は現在の拠点を指します。出身地を聞きたいときは Where were you born? と尋ねてみましょう。

A バリエーション

生まれはシカゴです。	**I was born in Chicago.** アイワズボーン インシカァゴゥ
もともとは メキシコの出身です。	**I'm originally from Mexico.** アイムオリジナリィ フロムメクスィコ
かつてニューヨークに 住んでいました。	**I used to live in New York.** アイユースットゥ リヴインヌゥヨーク ▶ used to ～で「かつて～したことがある」という意味になります。
私は生まれも育ちも 東京です。	**I was born and raised in Tokyo.** アイワズボーン エンレイズドゥイントーキョゥ

B バリエーション

たくさんの外国人が 訪れます。	**Many foreigners visit Orlando.** メニィフォーリナーズヴィズィットオーランドウ
人気の街なんですよ。	**It's a busy city.** イッツァ ビズィーシティ
いろんなことが できます。	**Many things to do.** メニィスィングストゥドゥ
見どころがたくさん あります。	**Many places to go.** メニィプレイストゥゴウ
NASA の宇宙センター の観光施設があります。	**There are tourist facilities** ゼアラー トゥーリストファシリティーズ **at NASA's Space Center.** アッ ナサズスペイスセンタァー
テーマパークが たくさんあります。	**Many theme parks.** メニィッテエンム パークス

その他のフレーズ

どこに滞在していますか？	**Where are you staying?** ウウエェァアーユウスティイング
滞在中の拠点はどこですか？	**Where is your base during your stay?** フエァイズヨァベィス　ドュァリングヨァステイ ▶ base は「拠点」。based in ～で「～を拠点とする」となります。
実家ですか？	**Do you live with your family?** ドゥーユウリヴ　ウィズユアファミリィ
はい、義理の両親と暮らしています。	**Yes, I live with my parents-in-laws.** イエス　アイリヴウィズマイペァランツインロウズ ▶ in-law は配偶者の親戚を表し、mother-in-law（義理の母）のように書きます。継父、継母は step father / mother と言います。
一人暮らしです。	**I live on my own.** アイリヴオンマイオウン
義理の両親はニューヨークにいます。	**My parents-in-laws live in New York.** マイペァランツインロウズリヴインヌゥヨーク
ニューヨークには行ったことがあります。	**I've been to New York.** アイヴビーントゥヌゥヨーク
フロリダの気候はどうですか？	**How's the weather in Florida?** ハウズザウェザー　インフロリダ
夏は暑くてムシムシしますね。	**It's hot and humid in the summer.** イッツホットアンドヒューミッド　インザサマァ
冬は暖かくて過ごしやすいです。	**It's nice and warm in the winter.** イッツナイスアンドウォーム　インザウィンター

地図で見る地形の単語

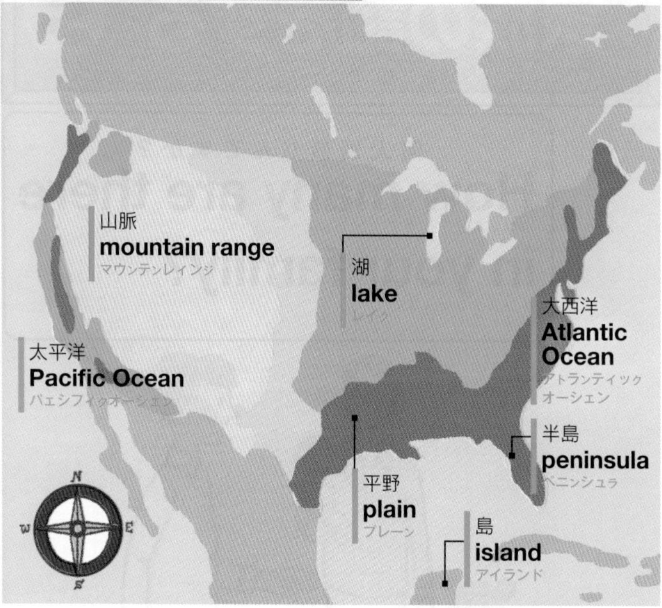

地形を表す単語

大陸	continent コンティネント	砂漠	desert デザート
西海岸	West Coast ウェストコースト	東海岸	East Coast イーストコースト
工業地帯	industrial zone インダストゥリルゾーン	農業地帯	agricultural area アグリカルチュアルエァリア
大都市	big city ビッグシティ	地方都市	provincial city プロヴィンシャルシティ
郊外	suburbs サバーブス	田舎町	country town カントゥリータウン
中心地	downtown ダウンタウン	住宅街	residential area レジデンシャルエァリア
州	state ステイト	地区	district ディストリクト

家族の話をする

何人家族なんですか？

How many are there in your family?

ハウメニィアーゼア インユアファミリィ

8人家族です。

There are 8 in my family.

ゼアラーエイト インマイファミリィ

その他のフレーズ

うちは4人の娘と2人の息子、夫と私です。	**Four daughters, two sons, my husband, and myself.** フォードウターズトゥー サンズ マイハズバンド アンドマイセルフ
10代の子どもがいます。	**I have a teenager.** アイハヴァティーンエイジャー

子どもは一人だけです。	**An only child.** アンオンリィチャイルド
20 歳の一人息子がいます。	**I have a son who is 20 years old.** アイハヴアサン　フーイズトゥウェンティイヤーズオールド
❗ きょうだいはいますか？	**Do you have siblings?** ドゥユウハヴスィブリングス ▶ siblings は男女年齢問わず、「きょうだい」を意味します。
きょうだいはいません。	**I don't have siblings.** アイドントハヴスィブリングス ▶「きょうだい」を brother and sister と言う場合もあります。
兄が１人と妹が２人います。	**I have one brother and two sisters.** アイハヴワンブラザー　アンドトゥシスターズ
２人の妹はカナダにいます。	**My two younger sisters are** マイトゥヤンガーシスターズアー **in Canada.** インキャナダ
兄と私の性格は正反対です。	**My brother and I have completely** マイブラザーエンドアイハヴコンプレトリィ **opposite personalities.** オポジットパーソナリティズ

私の姉たちは勤勉です。

My sisters are diligent.

マイスィスターズアーデリジェント

性格を表す単語

まじめ	**serious** スィアリアス	おもしろい	**funny** ファニー	賢い	**smart** スマート
優しい	**kindly** カインドリィ	明るい	**bright** ブライト	おとなしい	**quiet** クアイエット
社交的	**sociable** ソーシャブォ	几帳面	**methodical** メソディカォ	せっかち	**impatient** インペイシェント

職業の話をする

お仕事は何ですか？

What's your job?

ホワッツユアジョブ

Ⓐ

Ⓑ

講師をしています。

I'm a teacher.

アイムアティーチャー

なぜ先生になったんですか？

Why did you become a teacher?

ウワイディジュー ビカムア ティーチャー

情熱があったからです。

It's my passion.

イッツマイパッション

Ⓒ

日本人は職業を尋ねられた際に「会社員（office worker）です」などと、職種や業種をぼかして答える習慣がありますが、海外の人が尋ねているのは具体的な仕事のイメージがわくような答えです。自分の業種に関する単語を調べておくとよいでしょう。

A バリエーション

仕事は何をしているんですか？	**What do you do?** ホワットドゥユウドゥ ▶現在進行形ではなく現在形で聞かれた場合は、職業を尋ねられています。
あなたの学生のときのことを教えてください。	**What's your educational background?** ホワッチュアエデュケイショナォバックグラウンド ▶ Tell me about yourself. も同様の意味です。こう言われたらかんたんに自己紹介をしましょう。

B バリエーション

私は英語を教えています。	**I teach English.** アイティーチイングリッシュ ▶「teacher」など明確な職業名で答えるだけでなく、動詞で説明することもできます。
私は英会話教室で働いています。	**I work at an English school.** アイワークアット　アンイングリッシュスクール ▶勤務先で職業を伝えることもできます。
仕事はしていません。	**I am not working.** アイアムノット　ワーキング
求職中です。	**Between jobs.** ビトゥインジョブズ ▶職がないことを「仕事と仕事の間にいるよ」と言って、ぼかす表現です。

C バリエーション

教えることが好きなんです。	**I love teaching.** アイラヴ　ティーチング
教えることが喜びなんです。	**Teaching is joyful.** ティーチングイズアジョイフォ
夢だったんです。	**It's my dream.** イッツマイドリーム

その他のフレーズ

ずっと教師に なりたかったんです。	**I always wanted to be a teacher.** アイオールウェイズウォンティットゥビーアティーチャー
海外で教えてみたいと 思っていたんです。	**I wanted to teach in a foreign country.** アイウォンティットゥティーチ　インアフォーリンカントゥリー
厳しい仕事ですが、 やりがいがあります。	**My job is demanding but worthwhile.** マイジョブイズディマンディングバットワースホワイル
長時間働いています。	**I work long hours.** アイワークロングアワーズ
週に２回働いています。	**I work twice a week.** アイワークトゥワイスアウィーク
子育てしながら 働いています。	**I'm a working mom.** アイムアワーキングンマム
長いこと教師を しているのですか？	**Have you been teaching a long time?** ハヴユービーンティーチングアロングタイム
はい、10 年以上 やっています。	**Yes, over ten years.** イエス　オーヴァーテンイヤーズ

業種を表す単語

建設会社	**construction company** コンストゥラクションカンパニィ	飲料会社	**beverage company** ビヴァリッジカンパニィ
運送会社	**transportation company** トランスポーテイションカンパニィ	保険会社	**insurance company** インシュアランスカンパニィ
IT 企業	**IT company** アイティカンパニィ	飲食店	**restaurant** レストラン

職業を表す単語

アパレル販売員	apparel salesperson アパレルセイルスパースン	医療従事者	health care worker ヘルスケアワーカー
介護福祉士	care worker ケアワーカー	看護師	nurse ナース
栄養士	nutritionist ニュートゥリショニスト	薬剤師	pharmacist ファーマシスト
調理師	cook クック	カフェ店員	waiter/waitress ウェイター/ウェイトレス
記者	reporter レポーター	カメラマン	photographer フォトグラファー
デザイナー	designer デザイナー	編集者	editor エディター
書店員	bookstore staff ブックストアスタッフ	ライター	writer ウライター
警察官	police officer ポリスオフィサー	公務員	civil servant シヴィォサーヴァント
消防士	firefighter ファイヤーファイター	エンジニア	engineer エンジニアー
税理士	tax accountant タックスアカウンタント	弁護士	lawyer ロイヤー
警備員	security guard セキュリティガード	タクシー運転手	taxi driver タクスィドゥライヴァー
塾講師	lecturer レクチュアラー	保育士	childminder チャイルドマインダー
幼稚園教諭	kindergarten teacher キンダーガートゥンティーチャー	マッサージ師	masseur マッサー
通訳	interpreter インタープリター	銀行員	banker バンカー
主婦 / 主夫	housewife/house husband/home maker ハウスワイフ/ハウスハズバンド/ホームメイカー		

趣味の話をする

趣味は何ですか？

What's your hobby?

ゥワッチュアホビー

読書です。

I like to read.

アイライクトゥリード

A バリエーション

アニメが大好きです。	**I love to watch anime.** アイラヴトゥーワッチアニメ
ランニングが趣味です。	**Running is my favorite.** ゥラニングイズマイフェイヴァリット
趣味は温泉巡りです。	**My hobby is to visit different hot springs.** マイホビィイズトゥービズィットディファレントハットスプリングス
家族と過ごすのが好きです。	**I love spending time with my family.** アイラゥスペンディング タイムウィズマイファミリィ ▶ hang out with も「一緒に過ごす」の意味です。

趣味の単語

▶映画

watching movies
ワッチングムーヴィイズ

▶音楽鑑賞

listening to music
リスニングトゥーミュージック

▶観劇

theater
スィアター

▶絵を描く

drawing illustraions
ドゥロウイングウイラストレイションズ

▶SNS

SNS
エスエヌエス

▶旅行

travel
トゥラヴェオ

▶スポーツ観戦

watching sports
ウワッチングスポーツ

▶海外ドラマ

watching overseas drama
ウワッチングオーヴァースィーズドゥラマ

▶料理

cooking
クッキング

ゲーム	**games** ゲインムズ	コスプレ	**cosplay** コスプレイ
ネットサーフィン	**internet surfing** インターネットサーフィン	動画を観る	**watching videos** ウワッチングヴィデオズ
野球をする	**playing baseball** プレイングベイスボール	筋トレ	**working out** ウワーキング アウト
書道	**calligraphy** カリグラフィ	人間観察	**people-watching** ピーポーウォッチング
マンガを読む	**reading comics** リーディングコミックス	ガーデニング	**gardening** ガーデニング
散歩	**walking** ウウォーキング	ダンス	**dance** デェアンス

その他のフレーズ

❗ 休みの日は何をしていますか？	**What do you do on your day off?** ホワットドゥユウドゥ オンユアデイオフ
休みの日は家のことをしています。	**On my day off, I do housework.** オンマイデイオフ アイドゥハウスゥワーク
ハマっていることはありますか？	**Have you been addicted to something?** ハゥユウビーンアディクティッドトゥ サムスウィング ▶ What have you been into lately? と言うこともできます。
特技はありますか？	**Do you have any special skill?** ドゥユウハヴエニィスペシャルスキル ▶ What is your talent? も同様の意味です。
サッカーは好きですか？	**Do you like soccer?** ドゥユウライクサッカー
釣りはおもしろいですよ。	**I enjoy fishing.** アイエンジョイフィッシング
折り紙をやってみませんか？	**Want to do origami?** ウォントゥドゥオリガミ ▶ Would you like to do origami? だと、よりていねいな表現になります。
歌舞伎に興味はありますか？	**Are you interested in Kabuki?** アーユウインタレスティッドインカブキ
山歩きのどんなところが好きなんですか？	**What do you like about trekking?** ホワットドゥユーライクアバウトトレッキング
温泉巡りをどう思いますか？	**What do you think of hot spring tours?** ホワットドゥユウシンクオヴ ハッ スプリングトゥアーズ ▶ What do you think of ～？は「～のことをどう思いますか？」なので、幅広く使えます。
他にはどんなことが好きですか？	**What else do you like?** ホワットエルスドゥユウライク

日本の文化を英語で話してみよう

日本語のままで世界に認知されているものも多々ありますが、かんたんに説明するフレーズをご紹介します。

柔道（Judo）

Judo is a martial art created in Japan by Jigoro Kano in 1882 .
柔道は、1882 年に嘉納治五郎によって日本で考案された武道です。

剣道（Kendo）

Kendo is a traditional Japanese martial art which descended from swordsmanship and uses bamboo swords and protective armour.
剣道は剣術に由来する日本の伝統的な武道で、竹刀と防具を使います。

茶道（Sado）

Sado, tea ceremony, is the Japanese traditional culture of serving matcha tea and entertaining guests.
茶道は抹茶を振る舞って客人をもてなす日本の伝統文化です。

落語（Rakugo）

Rakugo is a form of Japanese entertainment.
落語は日本の演芸の形式の一つです。

俳句（Haiku）

Haiku is a Japanese poem of seventeen syllables, five, seven, and five, traditionally evoking images of the natural world.
俳句は伝統的な自然界を想起させる５・７・５の 17 音の日本の詩です。

短歌（Tanka）

Tanka is a Japanese poem of thirty-one syllables, five, seven, five, seven and seven, giving a complete picture of an event or mood.
短歌はできごとや気持ちの全体像をイメージさせる５・７・５・７・７の 31 音の日本の詩です。

将棋（Shogi）

Shogi is a Japanese chess game, a two player strategy board game native to Japan.
将棋は日本のチェスで、日本独自の２人用の戦略的ボードゲームです。

旅行の話をする

A

京都はもう行きましたか？

Have you been to Kyoto already?

ハヴユウビーントゥ キョウトオールレディ

B

まだです。

Not yet.

ナッイエット

嵐山をおすすめします。

I recommend Arashiyama.

アイリコメンド　アラシヤマ

A ○ バリエーション

パリへ行ったことはありますか？	**Have you been to Paris?** ハヴユウビーントゥパリ
北海道へ行く予定はありますか？	**Will you go to Hokkaido?** ウィルユウゴウトゥホッカイドー
富士山には登りましたか？	**Did you climb Mt. Fuji?** ディッジュークライムマウントフジ

B バリエーション

はい、あります。	**Yes. I have been there.** イェス　アイハゥビーンゼアー
一度もありません。	**No, never.** ノーネヴァー

その他のフレーズ

おすすめはありますか？	**What do you recommend?** ホワット ドゥユウリコメンド
しばらく日本にいますか？	**Will you stay in Japan for a while?** ウィルユウステイインジャパンフォアホワイル
! ラスベガスに行ったことがあります。	**I've been to Las Vegas.** アイゥビーントゥラスベガス
ロンドンに行きました。	**I visited London.** アイヴィジティド　ロァンドン
カナダは寒いみたいですね。	**I heard it's cold in Canada.** アイハードイッツコールドインカナダ
今年はどこかに行くんですか？	**Are you going somewhere this year?** アーユウゴウイングサムウェア　ディスイヤー
11月にタイに行きます。	**I will go to Thailand in November.** アイォゴウトゥタイランド　インノーヴェンバー
観光ですか？	**For sightseeing?** フォサイトスィーイング
出張です。	**For business.** フォビジネス
夏休みの予定はありますか？	**What are your plans for summer vacation?** ホワットアーユアプランズ　フォーサマーヴァケイション

石見銀山は 世界遺産です。	**Iwami Ginzan is a World Heritage Site.** イワミギンザンイズアワールドヘァリテイジサイト
ロサンゼルスでは 買い物や スポーツ観戦が 楽しめますよ。	**You can enjoy shopping** ユゥキャンエンジョィショッピング **and watching sports in Los Angeles.** エンワッチングスポーツ　インロサンジェルス
今まで行ったなかでは どこがいちばん よかったですか？	**Where is your favorite place** ウウエェァイズユアフェイバリットプレイス **that you have been to?** ザッユウハヴビーントゥ
日本だとどこがいちばん よかったですか？	**Where did you enjoy the most** ウェアディッジューエンジョォイ　ザモウスト **in Japan?** インジャパン
若い頃からずっと 奈良を訪れ たかったんです。	**I've always wanted to visit Nara** アイヴオゥウェイズワンテットゥヴィズィットナラ **since I was young.** スィンスアイワズヤング ▶I've always wanted to ～で「ずっと～したかった」となります。
ローマで見た空は 忘れられません。	**The sky I saw in Rome is unforgettable.** ザスカイ　アイソウイン　ロゥムイズアンフォーゲッタブル
地元の穴場があったら 教えてください。	**Please let me know if there is a** プリーズレットミィノウ　イフゼアイズア **local secret spot.** ローカルシークレットスポット ▶あまり知られていない場所という意味の穴場は、a secret spotと言います。
私の地元には 「パン好きの聖地」と 呼ばれるパン屋さんが あります。	**In my home town** インマイホウムタウン **there is a bakery called** ゼアイズアベイカリーコールド **"sacred place for bread lovers".** サクリッドプレイスフォーブレッドラヴァーズ

今までどこの国に行きましたか？
How many countries have you been to?
ハウメニィカントリィズハヴユウビーントゥ

えーと、グアム、韓国、台湾、モンゴル、シンガポールです。
Well, Guam, South Korea, Taiwan,
ウェル　グアム　サウスコリア　タイワン
Mongolia and Singapore.
モンゴリア　アンドスィンガポウル

モンゴル！？　どうでしたか？
Mongolia!? How was it?
モンゴリア　ハウワズイット

9月に行ったのですが、
雪が降ってて寒かったです。
I went in September
アイウェントインセプテンバー
and it was
アンドイットワズ
snowy and cold.
スノウィー　アンドコウルド

大草原を馬に乗って走りました。
I rode on a prairie on a horse.
アイロードオンアプレイリーオンアホース

すごい！　食事はどうでしたか？
That's awesome. How was the food?
ザッツォアウサム　ハウワズザフード

なるほど
Oh wow.
オウ　ワオ

マトンです。
I had mutton.
アイハッドマトン

食べものの話をする

好きな食べものは何ですか？
What is your favorite food?
ホワットイズユアフェイッヴァリットフード

ラーメンです。
It is ramen.
イットイズラーメン

私も大好きです。
I love ramen too.
アイラヴラーメントゥー

私はしょうゆ味が好きです。
I like soy sauce.
アイライク　ソイソース

食べものの単語

▶ハンバーグ

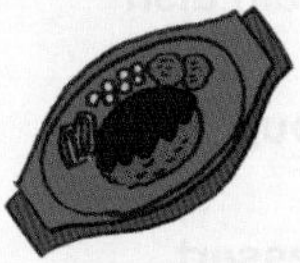

Hamburg Steak
ハンバーグ　ステイク

▶オムライス

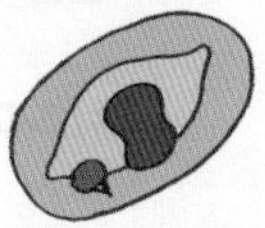

rice omelette
ライスオムレット

▶焼肉

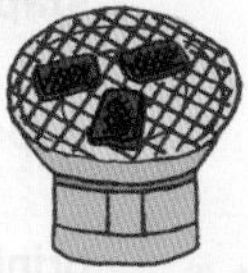

Korean BBQ
コリアンバーベキュウ

▶パスタ

spaghetti
スパゲッティ

▶カレー

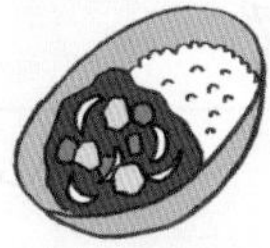

Japanese curry rice
ジャパニーズ　カリーライス

▶餃子

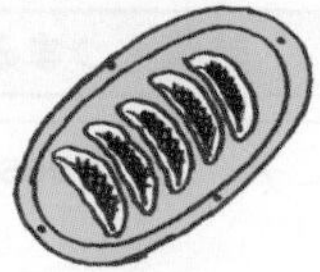

gyoza
ギョーザ

▶焼き魚

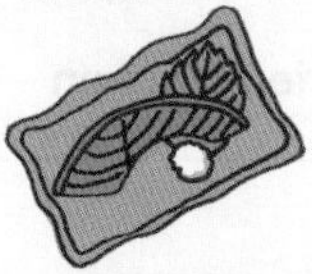

grilled fish
グリルドフィッシュ

▶フィッシュアンドチップス

fish and chips
フィッシュエンチップス

▶ローストビーフ

roast beef
ロウストビーフ

▶おにぎり

rice ball
ライスボーゥ

▶牛丼

beef bowl
ビーフボウル

▶焼きそば

fried noodles
フライドヌードォズ

和食	**Japanese food** ジャパニーズフード	イタリア料理	**Italian food** イタリアンフード
フランス料理	**French food** フレンチフード	エスニック料理	**Ethnic food** エスニックフード
中華料理	**Chinese food** チャイニーズフード	韓国料理	**Korean food** コリアンフード

食事構成

主食	**staple food** ステイプォフード	主菜	**main dish** メインディッシュ
前菜・つまみ	**appetizer** アペタイザー	汁もの	**soup** スープ
飲みもの	**drink** ドゥリンク	デザート	**dessert** ディザート
コース	**course meal** コースミーォ	お酒	**alcohol** アルクホール

前菜・つまみ

チーズ	**cheese** チーズ	生ハム	**raw ham** ロウ エンム
マリネ	**marinade** メァリネイド	カルパッチョ	**carpaccio** カーパッチオゥ
つけもの	**pickles** ピックォス	冷奴	**cold tofu** コールドトウフ
ポテトフライ	**French fries** フレンチフライズ	唐揚げ	**fried chicken** フライドチキン

肉

牛肉	**beef** ビーフ	仔牛肉	**veal** ビーオ
牛ひれ肉	**beef tenderloin** ビーフテンダーロイン	牛バラ肉	**beef rib** ビーフリブ
牛尻肉	**beef rump** ビーフランプ	牛テール	**oxtail** オックステイォ
牛タン	**beef tongue** ビーフタン	牛肩ロース	**chuck eyeroll** チャックアイロール
豚肉	**pork** ポーク	豚ロース	**pork loin** ポークロイン
豚ひれ肉	**pork tenderloin** ポークテンダーロイン	鶏肉	**chicken** チキン
鶏むね肉	**chicken breast** チキンブレスト	鶏モモ肉	**chicken thigh** チキンタイ
カモ肉	**duck** ダック	子羊肉	**lamb** ラム

すしネタ

マグロ	**tuna** トゥナ	大トロ	**fatty tuna** ファッティトゥナ
中トロ	**medium fat tuna** ミディアムファットトゥナ	エビ	**shrimp** シュリンプ
甘エビ	**sweet shrimp** スウィートシュリンプ	ホタテ	**scallop** スカラップ
イクラ	**salmon roe** サーモンロウ	イカ	**karamari** カラマリ
タコ	**octopus** オクトパス	ウニ	**sea urchin** シー アーチン
ブリ	**yellowtail** イエロウテイォ	サーモン	**salmon** サーモン
タイ	**snapper** スナッパー	アジ	**horse mackerel** ホースマッカレル
イワシ	**sardine** サーディン	アナゴ	**sea eel** シー イール
えんがわ	**flatfish fins** フラットフィッシュフィンズ	のり	**seaweed** スィーウィード

アレルギー関連

タマゴ	**egg** エッグ
カニ	**crab** クラブ
甲殻類	**crustacean** クラスタシーン
アワビ	**abalone** アバロン
ゼラチン	**gelatin** ジェラティン
小麦	**wheat** ホウィート
大豆	**soy** ソーイ
牛乳	**milk** ミウク

調味料

砂糖	**sugar** シュガー
塩	**salt** ソルト
酢	**vinegar** ヴィネガー
しょうゆ	**soy sauce** ソイソウス
みそ	**miso** ミソ
こしょう	**pepper** ペッパー
みりん	**sweet cooking sake** スウィートクッキングサキ
ごま油	**sesame oil** セサミオイル

その他のフレーズ

居酒屋に行ってみたいと思っています。	**I would like to go to an Izakaya.** アイウッドライクトゥゴウトゥアンイザカヤ
刺身は食べたことがありません。	**I have never eaten raw fish.** アイハヴネヴァーイートゥンロウフィッシュ
ウニはどんな味ですか？	**What does sea urchin taste like?** ホワットダズシーアーチン テイストゥライク
どこのお店がおいしかったですか？	**Which restaurant was good?** ウイッチレストランワズグッド
近くにおいしいお店がありますよ。	**There are many good** ゼアラーメニィグッド **restaurants near by.** レストランツニアバイ
嫌いな食べものはありますか？	**Are there any foods you don't like?** アーゼアエニィフーズ ユードンライク
からいものが苦手です。	**I don't like spicy food.** アイドントライクスパイシーフード ▶好んで食べないものについては、don't like を使うのが一般的です。
ここのクッキーはおいしいと評判です。	**This shop is known for its cookies.** ディスショップイズノォウンフォォ イッツクッキーズ
アレルギーはありますか？	**Do you have any allergies?** ドゥユウハヴ エニィアレルギーズ
肉はよく焼く派ですか？	**Do you like your meat well-done?** ドゥユーライクユアミートウェォダン
食べてみたいものはありますか？	**Is there anything you want** イズゼアエニスィングユウウォント **to try to eat?** トゥトライトゥイート

気になっている お店はありますか？	**Which restaurant do you want to try out?** ウイッチレストランドゥユウウォントトゥ トライアウト
新しくできた かき氷のお店が おいしいそうですよ。	**The new shaved ice place looks great.** ザニュウシェイヴドアイスプレイス ルックスグレイト
友人がやっている お店があります。	**My friend owns a restaurant.** マイフレンドオウンズアレストラン
テイショクとは 何ですか？	**What is "Teisyoku"?** ウワッイズ テイショク
日本式のセットです。	**It's a Japanese style set meal.** イッツアジャパニーズスタイルセッミーォ
ここのケーキが本当に おいしいんですよ。	**The cake here is really delicious.** ザケイクヒアリズ ウリィアウリィデリシャス
ふだんはどんなものを 食べていますか？	**What type of food do you eat usually?** ホワットタイプオブフード ドゥユウイート ユージュアリィ
料理はしますか？	**Do you cook at home?** ドゥユウクック アットホーム
得意料理は何ですか？	**What is your favorite dish to cook?** ホワットイズユア フェイバリッディッシュトゥクック
グラタンを作るのが 得意です。	**I'm good at cooking gratin.** アインムグッドゥアットゥクッキン グラタン
自炊はしません。	**I do not cook myself.** アイドゥーノットクック マイセォフ
週末にだけ 料理をします。	**I only cook on weekends.** アイオンリークック オンウィークエンズ

ヴィーガンとハラール

近年、ヴィーガンやハラールという言葉をよく聞くようになりましたが、何のことかいまひとつわからない方も多いのではないでしょうか。ここでおさらいしておきましょう。

ヴィーガン

ヴィーガンフードといえば野菜ばかりのメニューで、おしゃれなイメージで若い女性を中心に流行しています。また、ベジタリアンにはいろんな種類のベジタリアンがいます。乳製品と菜食が OK な「Lacto vegetarian（ラクトベジタリアン）」、乳製品と卵・菜食が OK な「Lacto-ovo vegetarian（ラクトオボベジタリアン）」、乳製品と卵および魚が OK な「Pesco Vegetarian（ペスコベジタリアン）」などです。

ヴィーガンはそういったベジタリアンのなかで、いっさいの動物性食品を口にしません。肉はもちろんですが、卵や牛乳、なかにはハチミツもダメというヴィーガンも大勢います。

ハラール

イスラムの法律において合法なもの（許されているもの）のことを「ハラール」といい、非合法なもの（許されていないもの）のことを「ハラーム」といいます。有名な例だと、豚は「ハラーム」となります。これは食べものだけにかぎらず、化粧品や日用品など多岐にわたります。宗派によって微妙に異なることもありますが、極端な話、何でもハラームとハラールに分けられます。

ハラールはまずはイスラムの法において合法であるということ、さらに健康によく、清潔で、加えて安全、高品質、高栄養価であることが求められます。ハラールの製品は日本に住む私たちにとっても健康的でよいものであるともいえます。

連絡先を交換する

連絡先を教えてもらえませんか？

Could you tell me your contact information?

クッジューテルミーユア コンタクトインフォメイション

いいですよ。メールしてください。

Sure. This is it.

シュア　ディスィズィッ

これで合ってますか？

Is this correct?

イズディスコレクト

送りました！

I sent you an e-mail.

アイセントユウ　アンイーメイォ

合ってます！　届かないみたいです……

Yes! I haven't received it yet…….

イエス アイハヴントレシーヴドイットイエット

その他のフレーズ

何がいいですか？ 電話？　メール？	**Do you want my phone number** ドゥユゥウォン　マイフォーンナンバァ **or e-mail?** オアイーメイォ？
インスタは どうですか？	**What about Instagram?** ホワットアバウトインスタグラム
連絡先を 交換しましょう。	**Let's exchange contact imformation.** レッツエクスチェインジコンタクトインフォメイション
フェイスブックは やっていますか？	**Are you on Facebook?** アーユウオン　フェイスブック
電話番号を聞いても いいですか？	**Can I ask your phone number?** キャナイアスクユアフォンナンバァ
空メールを 送ってもらえますか？	**Can you send me an empty mail?** キャニュウセンドミーアンエンプティメイォ
電波が悪いみたいです	**The reception is bad here.** ザリセプシャンイズバッドヒァ
フリー Wi-Fi の あるところに 行きましょう。	**Let's move to a place that has** レッツムーブトゥアプレイスザットハズ **free Wi-Fi.** フリーワイファイ
電池が切れそうです！	**My cell phone's battery is dying.** マイセルフォンズバァタリィ　イズダイイング
メールで写真を 送りました。	**I e-mailed you a photo.** アイイーメイォドユウ　アフォト
私のブログを チェックしてね。	**Check out my blog.** チェッカウト　マイブログ

SNS、インターネット関連用語

インターネット	internet インターネット	スマートフォン	smartphone スマートフォン
パソコン	computer コンピューター	ツイッター	Twitter トゥウィター
モバイルバッテリー	portable charger ポータボーチャージャー	充電器	charger チャージャー
Wi-Fi	Wi-Fi ワイファイ	アカウント	account アカウント
ブログ	blog ブロォグ	QR コード	QR code キュウアーゥコード
圏外	out of range アウトオブレアンジ	自撮り棒	selfie stick セォフィースティック

海外の SNS 事情

SNS は、Social Networking Service の略で、インターネットを介して不特定多数の人々とコミュニケーションできる便利なツールですね。日本では、LINE の利用者数がだんとつトップで、Twitter、Instagram、Facebook と続きます。最近では Tik Tok も勢いがあります。

日本では大人気の LINE ですが、意外にも海外での利用者はあまり多くありません。それぞれの SNS には独自の特徴があるため、需要に国民性が表れるのかもしれませんね。世界中でもっとも利用者数が多いのは Facebook です。電話番号を利用した SNS もよく使われています。欧米で人気があるのは WhatsApp（ワッツアップ）というインスタントメッセンジャーアプリで、使い勝手は LINE に似ています。中国人の利用者が多いのは WeChat（ウィーチャット）です。ほかにも、Google が提供する Hangouts（ハングアウト）や、アバターを作って仮想世界で会話ができる ZEPETO（ゼペット）などが人気です。

通信

メールしてくださいね。	**Please e-mail me.** プリーズイーメイォミー
そのスマホケース かわいいですね。	**That smartphone case is cute.** ザットスマートフォンケイスイズキュウト
このアプリは すごく便利ですよ。	**This app is very useful.** ディスアップイズヴィエリィユースフォ
携帯電話を充電 したいんですが。	**I want to charge my cellphone.** アイウォントゥチャージ　マイセォフォン
再起動してみては？	**Why don't you restart it?** ゥワイドンチュー　リスターティット
画面が 割れちゃったんです。	**The screen has broken.** ザスクリーンハズ　ブロークン
❗ここでは電源を 切ってくださいね。	**Please turn off the power here.** プリーズターンオフ　ザパワーヒィィア
車内で通話はしないで くださいね。	**Please do not make calls in the train.** プリーズドゥノットメイクコールズ　インザトレイン
歩きスマホは 危ないですよ。	**Please do not text while walking.** プリーズ　ドゥノット　テキストホワイォウォーキング ▶textは、アプリなどを介したメッセージのやり取りのことを指します。
検索してみます。	**I will try to search.** アイォトゥライサーチ
写真は フェイスブックに アップしておきますね。	**I will post the pictures on Facebook.** アイウィォポスト　ザピクチュアーズ　オンフェイスブック

ユーザーネームを教えてください。	**Please tell me your ID.** プリーズテルミー　ユアアイディ
友達申請しますね。	**I'll send you a friend request.** アイォセンド　ユーアフレンド　リクエスト
フォローしてくださいね。	**Please follow me.** プリーズフォロミー
この写真、ブログにあげてもいいですか？	**Can I upload this photo on my blog?** キャナィアップロードディスフォト　オンマイブログ
インスタ映えしそうですね。	**This is Instagramable.** ディスイズ　インスタグラマボォ
この QR コードを読み取ってください。	**Please read this QR code.** プリーズリードディスキュウアールコード
読み込みに時間がかかっています。	**It's taking time to load.** イッツテイキングタイムトゥロード ▶ load には「読み込む」という意味があります。
インスタ用に写真撮ってもいいですか？	**Can I take a picture for Instagram?** キャナイテイクアピクチャー　フォーインスタグラム
既読がつきませんね。	**He's not looking at his phone.** ヒーズノットルッキング　アットヒズフォン
ごめんなさい。LINE はやってません。	**I'm sorry. I don't have a LINE ID.** アイムスォオリィ　アイドントハヴ　ラインアイディー ▶国内では約 8000 万人の利用者がいると言われている LINE ですが、英語圏ではマイナーです。
Gmail のアカウント作りますね。	**I will create a Gmail account.** アイォクリエイトア　ジーメイルアカウント
インターネットにつながりません。	**I can't connect to the internet.** アイキィヤントコネクトゥー　ザインターネット

フリー Wi-Fi は どこにありますか？	**Where is the free Wi-Fi?** ウウエァアイズ　ザフリーワイファイ

電話をかける

もしもし？	**Hello?** ハェロウ
美代子 です。	**This is Miyoko speaking.** ディスイズミヨコスピーキング
トムですか？	**Is this Tom?** イズディストム
かけまちがえました。	**I dialed the wrong number.** アイダイアォドザ　ウロングナンバー
ヨークさんは いらっしゃいますか？	**I would like to talk to Mr. York.** アイウドゥライクトゥ　トォウクトゥ　ミスタアヨウク
彼 / 彼女は 外出しています。	**He/She is out now.** ヒー(シー)　イズアウトナエアウ
伝言を お願いできますか？	**Can I leave a message?** キャンナイリーヴ　アメッセイジ
折り返すように 伝えてください。	**Please tell him/her to call me back.** プリーズテォヒム(ハー)　トゥコーゥミーバック
今、話しても 大丈夫ですか？	**Can we talk now?** キィャンウィートーク　ナエアウ
電話してくれて ありがとう ございました。	**Thank you for calling.** スェンキュウフォーコーリング ▶電話を切るときは、別れのあいさつと同じく See you. がよく使われます。

PART 4

食事へ出かける

食事に誘う

お寿司を食べに行きませんか

Would you like to go eat sushi with me?

ウッジューライクトゥ　ゴー　イートスシ　ウィズミー

いいですね！　いつにします？

Sounds good!

サウンズグッド

When do you want to go?

ウェンドゥユウウォントゥゴウ

来週の土曜日は？

Next Saturday?

ネクストサタデイ

いいですよ。
築地駅に11時でどうですか？

OK, what about Tsukiji station at 11:00 a.m.?

オウケイ　ホワットアバウト　ツキジステイション　アットイレヴンエイエム

問題ありません。そこで会いましょう。

Perfect. I'll see you there.

パーフェクト　アイォスィーユウゼアー

A バリエーション

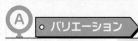

ステーキを食べに行きませんか？	**Would you like to go eat a steak?** ウッジューライクトゥゴウイートア　ステイク
おいしいハンバーガーのお店を見つけました。	**I found a delicious hamburger shop.** アイファウンドア　デリシャスハンバーガーショップ
イタリアンのおいしいお店があるんです。	**There is a delicious restaurant** ゼアリズアデリシャス　レストラン **that serves good Italian food.** ザットサーブズグッイタリアンフード
おいしいエスニックが食べられるところがあるから、連れて行ってあげますよ。	**I will take you to** アイォテイクユウトゥウ **a delicious ethnic food restaurant.** アデリシャス　エスニックフードレストラン
今、日本茶カフェが流行ってるんです。行きませんか？	**Now, Japanese tea cafés are popular.** ナェアウ　ジャパニーズティーカフェズアーポピュラー **Do you want to try it?** ドゥユゥウォントゥトライイッ

B バリエーション

7月21日はどうですか？	**How about July 21?** ハウアバウト　ジュライトゥウェンティファースト
今週の土日はどうですか？	**How about this weekend?** ハウアバウトディスウィークエンド
月曜以外だったらいつでもいいですよ。	**I'm free anytime except Mondays.** アインムフリーエニィタイム　エクセプトマンデイズ ▶ exceptには「～を除いて」の意味があります。
再来週にしてもらえませんか？	**Can we schedule it the week** キィヤンウィースケジューリットザウィーク **after next?** アフターネクスト
今週末は先約があります	**I have plans this weekend.** アイハッブランズ　ディスウィーケン
しばらく空いてないんです。	**I'm going to be busy.** アインムゴウイングトゥビービズゥイ
ごめんなさい。興味ないんです。	**I'm sorry. I'm not interested.** アイムスォオリィ　アイムノットインタレスティッド

待ち合わせる

駅前のカフェにいますね。

I will be at the coffee shop
アイウィォビー　アッザカーフィーショップ

in front of the train staion.
インフラントオブザトレインステイション

11時5分前に着きそうです。

I will be there 5 minutes
アイウィォビーゼア　ファイブメネッツ

before 11:00 a.m.
ビフォゥァイレブンエイエム

お待ちしています。

I will be waiting for you.
アイウィォビー　ウェイティングフォーユウ

お待たせしました。

Thank you
スェンキュウ

for waiting.
フォーウェイティング

待ち合わせは どこにしますか？	**Where do you want to meet me?** ウウエェァドゥユウウォントゥミートミー
六本木の交差点で 待ち合わせしましょう。	**Let's meet at the** レッミートアッザッ **intersection in Roppongi.** インターセクション　インロッポンギ
改札前にいます。	**I am in front of the ticket gate.** アイアムインフラントオブザ　ティケットゲイト ▶ in front of ～は、「～（モノ）の前に」という意味です。
焦らず来てくださいね。	**Take your time.** テイクユアタイム
午後 4 時に駅ビルの 3 階の書店にいますね。	**I will be at the bookstore on the third floor** アイウィォビーアッザブックストォア　オンザサードフロォア **of the station building at 4 p.m.** オブザステイションビゥディング　アットフォービーエム
8 時過ぎに車で 迎えに行きますね。	**I'll go get you around 8 p.m.** アイォゴウ　ゲッチュー　アラウンドエイトピーエム
すみません 10 分遅れます。	**Sorry, I'll be about 10 minutes late.** ソウリィアイォビー　アバウッテンメネッツレイト ▶自分の都合で遅れる場合は late、自分以外の都合で遅れる場合は be delayed を使います。
電車が遅延していて 15 分ほど遅れそうです。	**I'm about to arrive 15 minutes late** アインムアバウットゥーアライヴ　フィフティーンメネッツレイッ **because the train was delayed.** ビコゥズザトレインワズディレイドゥ
次が渋谷です。	**Next stop is Shibuya.** ネクストストップイズシブヤ
あとどれくらいで 着きそうですか？	**How long will it take for you** ハウロングウィォイット　テイクフォーユウ **to arrive here?** トゥアライヴヒィイア
あと 30 分で着きます。	**I will be there in 30 minutes.** アイウィォビーゼア　インサーティメネッツ
もうすぐ着きます。	**I will arrive soon.** アイウィォアライブスーン

店を決める

A

何が食べたいですか？
What do you want to eat?
ホワットドゥユウウォントトゥイート

B

ジビエはどうですか？
How about wild game?
ハウアバウトワイゥドゲイム

A バリエーション

今日は何にしますか？	**What would you like to eat?** ホワットウッジューライクトゥイート
食べたいものは ありますか？	**Is there anything you want to eat?** イズゼア　エニィスウィング　ユウウォントゥーイート
お店はどうしますか？	**Which restaurant should we go to?** ウイッチレストラン　シュドゥウィーゴウトゥー

B バリエーション

パクチーが 食べたい気分です。	**I feel like eating cilantro.** アイフィーォライク　イーティングシレィントロウ ▶ cilantro はスペイン語由来。イギリスでは coriander と言います。
日本らしいところが いいですね。	**I want to have some Japanese food.** アイウォントゥーハヴ　サムジャパニィィズフード
軽めだと嬉しいです。	**I would like to eat something light.** アイウッドライクトゥイートサムシングライト
ビールを飲めるところ ならどこでも いいですよ。	**I don't care as long as** アイドンケア　アズロングアズ **I can drink beer.** アイキャアンドリンクビア

その他のフレーズ

どこかおいしいお店を知っていますか？	**Do you know any good restaurants?** ドゥユウノウ　エニィグッドレストランツ
おすすめのお店はありますか？	**Do you have any restaurant** ドゥユウハヴ　エニィレストラン **to recommend?** トゥリコメンド
お任せします。	**It's up to you.** イッツアップトゥーユウ ▶ It's your choice. という言い方もあります。
お酒は飲めますか？	**Are you a drinker?** アーユウアドゥリンカー ▶ drink だけで「お酒を飲む」の意味になります。
大好きです。	**I love it.** アイラブイット
飲めません。	**I don't drink.** アイドンドリンク
フレンチと和食ならどちらがいいですか？	**Which do you want to eat,** ウイッチドゥユウウォントゥイート **French or Japanese food?** フレンチオアジャパニーズフード
あそこのお店はどうですか？	**How about the restaurant** ハウアバウトザレストラン **over there?** オーヴァーゼア
ラストオーダーは23:30です。	**The last order is at 23:30.** ザラストオーダーイズ　アットトゥウェンティスリーサーティ
この店は深夜1時までやっています。	**This restaurant seems to be open** ディスレストランスィームストゥビーオープン **until 1 o'clock.** アンティゥワンオクロック
日本ではa.m.1:00を25:00と書くことがあります。	**In Japan, we write 25:00 instead of 1:00a.m.** インジャパン　ウィーライトトゥウェンティファイブ　インステッドオブワンエイエム ▶英語圏では、12以下の数字で時間を表すことがほとんどです。

店に入る

奥の席です。
Our table is at the very back.
アワテイボォ イズ アッザッ ヴィエリィバック

わかりました。
OK. Thank you.
オウケイ スェンキュウ

A バリエーション

ここの席です。	**This is your table.** ディスイズユアテイボォ
窓際の席です。	**Your seat is by the window.** ユアスィートイズ バイザウィンドウ
お座敷の席です。	**Our seat is an Ozashiki** アワシートイズアンオザシキ **(Japanese tatami-mat) seat.** (ジャパニーズタタミマット)スィート
カウンターの席です。	**Our seat is a counter seat.** アワスィートイズアカウンタースィート
ソファがあいています。	**A sofa seat is available.** アソファスィートイズ アベイラボォ ▶ available は利用可能という意味です。
あそこの４人掛けの席です。	**Our table is over there;** アワテイボゥイズオゥヴァゼア **it is a table for four.** イッティズアテイボゥ フォアフォウ

その他のフレーズ

この店は予約が必要です。	**We need to make a reservation for this restaurant.** ウィーニードトゥメイクアリザヴェイション フォディスレストラン
ここで食券を買います。	**We will buy a meal ticket here.** ウィーウィオバイアミーオティケット ヒィイア ▶ Meal ticket are sold here. と言うこともできます。
傘立ては外にあります。	**The umbrella stand is outside.** ジアンブレラスタンドイズアウトサイド
靴はここで脱ぎます。	**You need to take off your shoes here.** ユウニードトゥ テイクオフユアシューズ ヒィイア ▶屋内で靴を脱ぐ習慣がない国もあるので、靴を脱ぐ場合は早めに声をかけるとよいでしょう。
鍵は持っていきます。	**Keep the key with you.** キープザキィ ウィズユウ
靴は袋に入れて持っていきます。	**We will carry our shoes in bags.** ウィーウィオキャリー アワーシューズ インバッグス
靴は脱いだままにしてください。	**You can leave your shoes there.** ユウキィャンリーヴユアシューズ ゼア
ハンガーをどうぞ。	**Please use this hanger.** プリーズユーズ ディスハンガー
荷物は預けますか？	**Do you want to check in your baggage?** ドゥユウウォントゥー チェッキンヨアバゲイジ
テーブルの下に荷物をしまえるところがあります。	**Put your luggage under the table.** プットユアラゲイジ アンダーザテイブォ
寒く／暑くないですか？	**Is it cold/hot?** イズイットコールド(ハッ)

料理を注文する

おすすめは何ですか？

What do you recommend?

ホワットドゥユウリコメンド

さんまの塩焼きです。

The pacific saury

ザパシフィックソーリィ

which is

ウイッチイズ

salted and grilled.

ソォティッド　アンドグリゥド

A バリエーション

あそこのボードに書いてありますよ。	**It is written on the board there.** イットイズリトゥン　オンザボード　ゼア
この店はチョリソーが名物です。	**This restaurant's specialty is chorizo.** ディスレストランスペシャルティ　イズチョリソウ
ここのオーブン焼きは絶品ですよ。	**Oven bake dishes are their** オーヴンベイクディッシーズ　アーゼア **specialty. It's excellent.** スペシャォティ　イッツエクセレント
オムレツは絶対頼んだ方がいいです。	**You should definitely** ユウシュッドディフィニットリー **ask for an omelette.** アスクフォーアンオムレット
ホットドッグはどうですか？	**Would you like a hot dog?** ウッジューライクア　ハッドッグ

その他のフレーズ

持ち帰りにしますか？	**Would you like it to go?** ウッジューライクイッ　トゥゴゥ
この店は セルフサービスです。	**This restaurant is self service.** ディスレストランイズ　セルフサーヴィス
食べられないものは ありますか？	**Is there anything you cannot eat?** イズゼアエニスィング　ユウキャンノットイート
カキは 食べられますか？	**Can you eat oysters?** キャンユウイートオイスターズ
タコは苦手です。	**I don't like octopus.** アイドントライク　オクトパス ▶タコを食べる習慣のない国もあります。「おいしいよ」と言って無理強いすることは禁物です。
アレルギーは ないですよね？	**You don't have any allergies, right?** ユウドントハヴ　エニィアレジーズ　ウライト
はい、ありません。	**No, I don't.** ノォウアイドント ▶ Yes/No は、疑問文にある動詞を肯定 / 否定します。
 カニの アレルギー があります。	**I'm allergic to crabs.** アイムアレルジック　トゥクラブス
英語のメニューを もらいましょうか？	**Do you want an English menu?** ドゥユウウォント　アンイングリッシュメニュウ
飲みものは 何にしますか？	**What would you like to drink?** ホワットウッジューライクトゥドリンク
お水を もらいましょうか？	**Do you want a glass of water?** ドゥユウウォントアグラースオブゥウォタア

おもしろい料理がたくさんありますね。	**There are a lot of interesting dishes.** ゼアラー　アロットオブインタレスティングディッシィーズ
サラダを頼んでもいいですか？	**Can I ask for a salad?** キャナイアスク　フォーアサラッド
メインは何にしますか？	**What would you like to have** ウワッウッジューライクトゥハヴ **for our main dish?** フォアワメインディッシュ
さび抜きにしますか？	**Would you like it without the wasabi?** ウッジューライキット　ウィズアウトザワサビ
やっぱりポテトサラダはやめましょう。	**Let's cancel the potato salad.** レッツキャンセォ　ザ　ポテイトサラッド
お酒の種類が豊富ですね。	**There are many types of liquor.** ゼアラー　メニィタイプスオブリカー ▶ liquor は、ウイスキーやテキーラ、ラムなどのおもに蒸留酒を指します。
味つけの好みはありますか？	**Do you have a favorite seasoning?** ドゥユウハヴ　アフェイヴァリットスィーズニング
辛いものは平気ですか？	**Are you okay with eating spicy food?** アーユウオーケイ　ウィズイーティングスパイシーフード
激辛料理が食べたいです。	**I want to eat extremely spicy food.** アイウォントトゥイート　エクストリームリィスパイスィフード
ほかに食べたいものはありますか？	**Do you have** ドゥユウハヴ **anything else you want to eat?** エニスィングエルスユウウォントゥイート
デザートはいりますか？	**Do you want a dessert?** ドゥユウウォントアデザート
シェアしましょう。	**Let's share it.** レッツシェアイット

おいしそうですね！	**Looks delicious!** ルックスデリシャス ▶ delicious は「最高においしい」という意味です。単純に「おいしい」は good が適しています。
私もそれがいいと思っていました。	**I also thought that looks good.** アイオールソウソウト　ザットルックスグッド
いつもこれを頼んじゃうんですよね。	**I always order this.** アイオールウェイズオーダーディス
❗ とりあえず以上でいいですか？	**Anything else?** エニスィング　エルス ▶直訳すると「ほかに何かありますか？」です。
あとでまた頼みましょう。	**We'll order more later.** ウィールオーダーモァレイター
頼みすぎたかもしれません。	**I guess I ordered too much.** アイゲスアイオーダードトゥーマッチ
おなかぺこぺこです。	**I'm starving.** アイムスタァビング ▶ starve は hungry よりもさらにひもじい様子を表します。
あまりおなかは空いてません。	**I'm not that hungry.** アイムノットザッハングリー
飲み放題にしますか？	**Would you like to do** ウッジューライクトゥドゥ **"all you can drink"?** オールユウキャンドリンク
食べ放題にもできます。	**You can choose the buffet.** ユウキャンチューズザバフェッ
コースもありますね。	**There is also a course meal.** ゼアリズオーゥソウ　アコースミール
メンチカツはひき肉を揚げた料理です。	**"Menchikatsu" is a dish** メンチカツ　イズアディッシュ **of fried ground meat.** オブフライドグラウンドミート

これは注文 していません。	**I didn't order this.** アイディドントオーダーディス
頼んだ料理が 来ていません。	**We're still waiting for our order.** ウィアスティォウェイティング　フォアワオーダー
お通しはテーブル チャージの ようなものです。	**Otoshi is like a table charge.** オトーシ　イズライクアテイボォチャージ ▶お通しは海外にない文化なので、説明してあげると親切です。
ちょっとトイレに 行ってきます。	**I'm going to the bathroom.** アイムゴウイング　トゥザバスルーム ▶ toilet は「便器」の意味が強いため、bathroom や restroom が上品です。

料理を食べる

これはおしぼりです。	**This is a towel.** ディスイズアタオォ
これはかつおの だし汁です。	**This is a bonito soup.** ディスイズ　アボニートスウプ
箸を使ったことは ありますか？	**Have you ever used chopsticks?** ハヴユウエヴァー　ユーズドチョップスティックス
フォークを 借りましょうか？	**Do you need a fork?** ドゥユウニードアフォーク
箸はペンを持つように 持ちます。	**Hold the chopsticks like you're** ホウルドザチョップスティックス　ライクユーアー **holding a pen.** ホールディングアペン
薬指で支えます。	**Support it with your ring finger.** サポーティット　ウィズユアゥリングフィンガー
人差し指と中指で 動かします。	**Move them with your index finger and** ムーヴゼムウィズユアインデックスフィンガー　エン **middle finger.** ミドゥフィンガー

調味料は自由に使ってください。	**Please feel free to use seasoning.** プリーズフィーォフリートゥユーズシーズニング
たれにつけて食べます。	**You can dip it in the sauce and eat it.** ユウキャァンディップ　イッティンザソゥスエンドイートイット
たれはかけて食べます。	**You put sauce on this dish.** ユウプットソゥスオンディスディッシュ
何もつけずに食べます。	**You don't use any sauce** ユウドンユーズエニィソゥス **for this dish.** フォゥディスディッシュ
よくかき混ぜてから食べます。	**You should stir this food** ユゥシュッドスティァディスフード **before eating it.** ビフォァイーティンイッ
おかわりはいかがですか？	**Would you like some more?** ウッジューライクサムモア
まだ食べられますか？	**Can you still eat?** キャンユウスティォイート
❗ もうおなかいっぱいです。	**I'm already full.** アイムオーゥレディフォ
追加で頼みましょうか？	**Shall I ask for an additional one?** シャォアイアスク　フォォアンアディショナォワン
キャベツはおかわり自由です。	**You can order additional cabbage** ユウキャンノゥダァ　アディショナォキャビッジ **without an additional charge.** ウィザウトアンアディショナォチャージ
取り分けましょうか？	**Shall I start serving?** シャォアイスタートサーヴィング
冷めないうちにどうぞ。	**Please eat before the food gets cold.** プリーズイート　ビフォアザフードゲッツコーウド

もうすぐ来ると思います。	**I think it will come soon.** アイスィンク　イットウィォカムスーン
店員さんは忙しそうですね。	**The waiter seems busy.** ザウェイター　スィームスビズィー
店員さんを呼びましょうか？	**Shall I call a waiter?** シャォアイコーゥアウェイター
いい雰囲気のお店ですね。	**This restaurant has great atmosphere.** ディスレストゥランハズ　グレイトアトマスフィア
大盛りですね。	**It's a large serving.** イッツアラージサーヴィング
思ったよりも量が少ないですね。	**The portion is smaller than I thought.** ザポーションイズ　スモーラーザンアイソウト
おいしいものを食べているときがいちばん幸せです。	**I'm happiest when** アイムハッピエスト　ウウエン **I'm eating something delicious.** アイムイーティングサムスウィングデリシャス
みんなで食べるとおいしいですね。	**It's better to eat with people** イッツベラートゥイーッ　ウィズピーポー **than to eat alone.** ザントゥイートアローン
このお店ではジャズが聴けます。	**We can listen to jazz at this restaurant.** ウィーキャンリスントゥジャズ　アットザディスレストラン
これは手でつまんで食べてもいいんですよ。	**You can eat this with your hands.** ユウキャンイートディス　ウィズヨアハンズ
日本では生卵も食べられます。	**You can also eat raw eggs in Japan.** ユウキャンオーゥソウイート　ローエッグスインジャパン ▶海外では生食用の卵も売られていますが、日本ほど生で食べる習慣はありません。
お味はどうですか？	**How is the taste?** ハウイズザテイスト

お口に合いますか？	**Do you like it?** ドゥユウライクイット
のびちゃいますよ。	**It will be soggy.** イットウィォビーソギー ▶ soggy は水を吸ってふやけた状態をさします。「ねっとりした」という意味としても使えます。
醤油を取って もらえますか？	**Can you pass me the soy sauce?** キャニュウパスミーザソイソース

味・においを表す単語

甘い	**sweet** スウィート	すっぱい	**sour** サワー
しょっぱい	**salty** ソォティ	苦い	**bitter** ビター
濃厚	**rich** ウリッチ	薄い	**bland/weak** ブランド/ウィーク
辛い	**spicy** スパイシー	野性味が ある	**wild taste** ワイウド　テイストゥ
いいにおい	**nice smell** ナイススメゥ	生臭い	**raw smell** ロウスメゥ

食感を表す単語

硬い	**hard** ハード	噛み切れない	**chewy** チュウイー
やわらかい	**soft** ソフト	なめらか	**smooth** スムース
ぬるぬるした	**slimy** スライミィ	ふっくら	**plump** プランプ
もっちり	**sticky** スティッキー	ふわふわ	**fluffy** フラッフィー
さくさく	**crunchy** クランチィー	とろみのある	**thick** スィック

会計をする

別会計でいい？
Is it okay to separate the check?
イズイットオーケイ　トゥセッパレイトゥザチェック

いいよ！
OK!
オーケイ

先に払いますね。
Let me pay first.
レッミィペイ　ファースト

食事の支払いについては、各国、各人、考えはさまざまです。とくに「払わせて」とどちらかが言わない限りは別会計になります。もしごちそうしてもらうことがあれば、2軒目や次の機会にごちそうするとよいでしょう。

ごちそうしますね。	**It's on me.** イッツオンミー
私も払います。	**Let me pay too.** レッミーペイトゥー
2000円 いただけますか？	**Can you give me 2,000 yen?** キャンユウギブミー　トゥーサウザンドイエン
❗ じゃあ次は私が ごちそうしますね。	**I'll treat you next time.** アイォトリートユウ　ネクストタイム
クレジットカードは 使えません。	**You cannot use a credit card.** ユウキャンノットユーズア クレディットカード
テーブル会計です。	**It is pay at the table.** イットイズペイ　アットザテイボォ
おつりは取っておいて ください。	**Keep the change.** キープザチェインジ
❗ 立て替えて おきますね。	**I'll pay for you. Just pay me back later.** アイォペイフォーユウ　ジャストペイミーバックレイター
立て替えておいて もらえますか？	**Can you spare me?** キャャニュウスペェア　ミー ▶ I'll pay you back later. など、あとで返すことを加えるとさらによいでしょう。
領収書をください。	**Please give me the receipt.** プリーズギンミィザレシィート
おつりがちがいます。	**You gave me the wrong change.** ユウゲイブミーザ　ウロングチェインジ
サービス料は 含まれますか？	**Does the price include** ダズザプライスインクルードゥ **the service charges?** ザサービスチャージズ

また来たいですね。	**I want to come back again.** アイウォントトゥカムバック　アゲイン
❗ 最高の時間でした。	**I had a wonderful time.** アイハドゥア　ワンダフォータイム
友達にも教えてあげます。	**I will tell my friends about this restaurant.** アイウィォテォマイフレンズ　アバウトディスレストラン
お肉がおいしかったです。	**The meat was delicious.** ザミートワズデリシャス
店員さんが感じよかったです。	**The waiter was nice.** ザウェイターワズナイス
こんなに食べるとは思いませんでした。	**I didn't expect to eat this much.** アイディドゥントエクスペクト　トゥイートディスマッチ

「割り勘」は通じない？

食べた量や頼んだ料理の金額にかかわらず合計金額を人数で均等に割る「割り勘」の概念は、海外にはほとんどありません。支払い時に「じゃ、割り勘で」と言っても納得されないことがほとんどです。どうしても割り勘にしたい場合は、注文する前に、割り勘のシステムを説明したうえで相手の了承を得てからにしましょう。

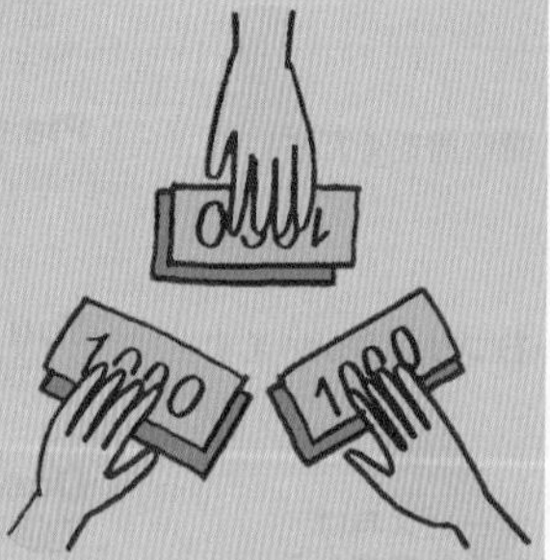

PART 5

ショッピング

買い物に行く

ディスカウントストアに連れて行ってもらえませんか？

Could you take me to a discount store?

クッジューテイクミー　トゥア　ディスカウントストォア

いいですよ。何か欲しいものがあるんですか？

OK. Do you have something you want?

オーケイ　ドゥユウハヴ　サムスウィングユウウォント

Ⓐ

化粧品やお土産など
いろいろ見たいです。

I want to see a lot of cosmetics and souvenirs.

アイウォントゥスィー　アロットオブ　コスメティクス　アンドスーヴェニアス

Ⓐ バリエーション

漢字Tシャツがほしいんです。	**I want a kanji T-shirt.** アイウォント　アカンジティーシャート
会社の人に配るお菓子を買いたいんです。	**I want to buy sweets for my co-workers.** アイウォントゥバイ　スウィーツ　フォーマイコウワーカーズ

買い物スポット

▶百貨店

department store
デパートメントストォア

▶アウトレットモール

outlet mall
アウトレットモール

▶ショッピングモール

shopping mall
ショッピングモール

▶スーパーマーケット

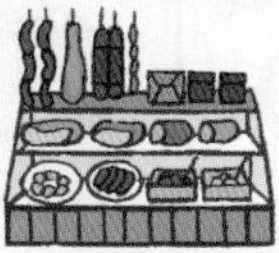

grocery store
グロゥサリー　ストォア

▶コンビニ

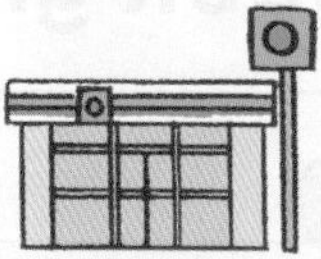

convenience store
コンヴィニエンスストォア

▶100円ショップ

100 yen store
ワンハンドレッドイエンストォア

▶市場

market
マーケット

▶ドラッグストア

pharmacy
ファーマスィ

▶アニメショップ

anime shop
アニメショップ

▶文具店

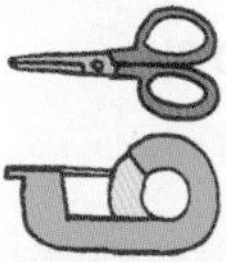

stationery store
ステイショナリィ　ストォア

▶書店

bookstore
ブックストォア

▶CDショップ

CD shop
シーディショップ

▶家電量販店

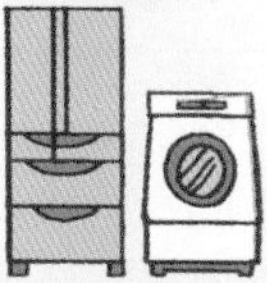

electronics store
エレクトロニクスストォア

▶問屋街

wholesale stores
ホールセイル　ストォアズ

▶抹茶専門店

Matcha store
マッチャストォア

服飾品を買う

似合ってますか？
How do I look?
ハウドゥアイルック

おしゃれですね。
You look great.
ユゥルックグレイト

A ○ バリエーション

よく似合っていますよ。	**It looks good on you.** イットルックスグッド　オンユゥ
さっきのほうがよかったです。	**I like the first one.** アイライク　ザファーストワン
黒より赤のほうがいいと思います。	**I think red is better than black.** アイスィンク　レッドイズベター　ザンブラック
ちょうどいいですね。	**It's perfect.** イッツパーフェクト
見ちがえましたね。	**It looks really great on you.** イットルックスリァアリィグレイト　オンユゥ
すごく素敵に見えます。	**Looks very nice.** ルックス　ヴィエリィナイス
さすがですね。	**That's right.** ザッツライト
センスがいいですね。	**Good taste.** グッドテイストゥ
侍みたいでかっこいいですね。	**You look like a samurai and so cool.** ユウルックスライクアサムライ　アンドソウクーォ

その他のフレーズ

すごい数の商品ですね。	**There are a lot of items.** ゼアラー　アロットオブアイテムズ
この店は品ぞろえが豊富です。	**This store is well stocked.** ディスストォア　イズウエル　ストックド
11：00 開店／閉店です。	**It will open/close at 11:00.** イットウィォオープン（クロウズ）　アットイレヴン
今日は休業日のようです。	**This shop seems to be closed today.** ディスショップシームストゥビークロウズド　トゥデイ
お目当てのブランドはありますか？	**Are you looking for a** アーユウルッキンフォア **particular brand?** パティキュラーブランド ▶ particular は「特定の」の意味です。
❗ 予算はいくらくらいですか？	**How much is your budget?** ハウマッチ　イズ　ユアバジェット
あそこにフロアマップがあります。	**There is a floor map over there.** ゼアリズアフロアマップ　オーヴァーゼア
売り場が広いですね。	**This sales floor is huge.** ディスセイルスフロォア　イズヒュージ ▶ huge は「巨大、広大」の意味。売り場の広さについての驚きを表すことができます。
試着できますか？	**Can I try it on?** キィャナイ　トライットオン
ほかの色はありますか？	**Do you have it in different colors?** ドゥユウハヴ　イッインディッファレントカラーズ

服に関する単語

▶婦人服

women's clothing
ウィメンズクロージング

▶紳士服

men's clothing
メンズクロージング

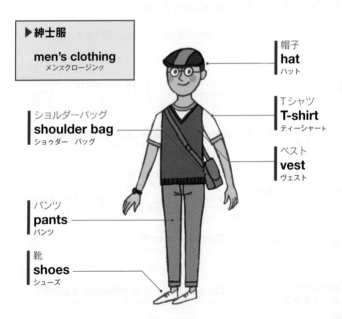

もっと伝わる

和製英語に要注意！！

外来語のなかには和製英語のものがあるため、英語だと思って話しても、相手に通じない場合があります。

◉パーカー →	hoodie フーディー
◉ダウン →	down jacket ダウンジャケット
◉ワイシャツ →	dress shirt/business shirt ドレスシャート/ビズィネスシャート
◉トレーナー →	sweat shirt スウェットシャート
◉ノースリーブ →	sleeveless スリーブレス
◉ワンピース →	dress ドレス
◉ジーパン →	jeans ジーンズ
◉ビーチサンダル →	flip-flops フリッップフラッップス
◉ファスナー →	zipper ジッパー
◉フリーサイズ →	one-size-fits-all ワンサイズフィッツオール

服飾品のほかに、「キスマーク」「パワースポット」「ポテトフライ」「ジェットコースター」「スーパーマーケット」なども和製英語なので、ネイティブには通じません。

お土産を買う

ここは神奈川県で一番大きなショッピングセンターです。	**This shopping center is the largest in Kanagawa.** ディスショッピングセンター　イズザラージェスト　インカナガワ
4階にはエレベーターで行きましょう。	**Let's use the elevator to go to the 4th floor.** レッツユーズザエレヴェイター　トゥゴウトゥザフォースフロア
お菓子売り場は地下1階です。	**Desserts are sold in the basement floor.** ディザーツアーソーウド　インザベイスメントフロア ▶地下二階以下がある場合の地下1階は、the first basement floor となります。
トイレは5階にあります。	**The washroom is on the 5th floor.** ザワッシュルーム　イズオンザ　フィフスフロア
英語のコーナーがありました。	**There was an English section.** ゼアワズ　アンイングリッシュセクション
セール中です。	**This floor is having a sale.** ディスフロア　イズ　ハヴィングアセイオ
2つ買うと10%引きです。	**You get 10% off if you buy 2 items.** ユウゲットテンパーセントオフ　イフユウバイトゥーアイテムズ
3つで1000円です。	**You can buy 3 items for 1000 yen.** ユウキャァンバイスリーアイテムズ　フォーワンサウザンドイエン
2000円以上の買い物で、駐車料金が無料です。	**Parking is free if you spend over 2000 yen.** パーキングイズフリー　イフユウスペンド　オーヴァートゥサウザンドイエン
一般的にコンビニの商品は割引されていません。	**There is no discount at the convenience store.** ゼアリズノーディスカウント　アットザコンヴィニエンスストォア
消せるボールペンはどこでしょうか？	**Where are the erasable pens?** ウェアラー　ザイレイサブォペンズ

この紙に試し書きができますよ。	**You can try on this paper.** ユウキャントライ　オンディスペイパー
マスキングテープも気になっているんです。	**I'm also interested in masking tape.** アイムオーウソー　インタレスティッドイン　マスキングテイプ
祖母に扇子を買ってあげたいです。	**I want to buy a folding fan** アイウォントバイアフォーゥディングファン **for my grandmother.** フォーマイグランドマザー
きっと喜ぶと思いますよ。	**She sure will be happy.** シーシュアウィォビィハッピィ
小さくてたくさん入っているからお土産によさそうですね。	**It looks good for a souvenir** イットルックスグッドフォーアスーヴェニアー **because it is small and contains a lot.** ビコーズイットイズスモーォ　エンドコンテインズアロット
お土産にぴったりですね！	**Perfect for souvenirs!** パーフェクトフォー　スーヴェニアーズ
このポテトチップスにはおまけがついています。	**These potato chips come with** ディーズポテイトチップス　カムウィズ **a free gift.** アフリーギフト
この味は期間限定です。	**This is a limited edition flavor.** ディスイズア　リミテッドエディションフレイバー
賞味期限は7月7日までです。	**The expiration date is July 7th.** ザイクスピレイションデイト　イズ　ジュライセブンス ▶「賞味期限」も「消費期限」もどちらも expiration date で表されます。

お土産を表す単語

手ぬぐい	**face towel** フェイスタウォ	食品サンプル	**food sample** フードサンプォ
せんべい	**rice crackers** ライスクラッカーズ	日本酒	**sake** サキ
風呂敷	**wrapping cloth** ラッピンクロース	ガチャポン	**capsule toys** カプサォトイズ

これは日本限定商品です。	**This product is a limited edition in Japan.** ディスプロダクト イズアリミテッドエディション インジャパン
このブランドのチョコレートは、東京ではこの店でしか買えません。	**You can only buy this chocolate brand in Tokyo.** ユウキャンオンリー バイディスチョコレイト ブランドイントーキョウ
浮世絵柄は日本ならではのお土産です。	**Items with Ukiyo-e patterns are a unique Japanese souvenir.** アイテムズウィズウキヨエパターンズアー アユニークジャパニーズスーヴェニア
歌舞伎風のフェイスパックはどうですか？	**How about a Kabuki-style face pack?** ハウアバウトア カブキスタイルフェイスパック
この保湿クリームはアンチエイジングの効果もあります。	**This moisturizing cream has anti-aging effect.** ディスモイスチャライジングクリーム ハズ アンティエイジングエフェクト
残り１個ですね。	**This is the last one.** ディスイズザラストワン
現品限りです。	**This is the actual item.** ディスイズザアクチュアォアイテム ▶ actual は「実際の」という意味です。見本ではなく実際の商品であることを指しています。
品切れのようですね。	**It seems out of stock.** イットシームスアウトオブストック
これは最新モデルです。	**This is the new model.** ディスイズザニュウモデォ
今これが流行っているんです。	**This is the new trend.** ディスイズザニュウトレンド
このキャラクターは子どもたちに人気です。	**This character is popular among children.** ディスキャラクターイズポピュラー アマングチォドレン
カタログをもらいますか？	**Do you want their catalog?** ドゥユウワンゼアカタログ

かごは使いますか？	**Do you need a basket?** ドゥユウニード　アバスケット
カートを使いましょう。	**Let's use a shopping a cart.** レッツユーズアショッピングアカート
おもしろい素材ですね。	**It is an interesting material.** イットイズアンインタレスティングマテリアォ
右から２番目のものはどうですか？	**What about the second** ホワットアバウトザセカンド **one from the right?** ワンフロムザライト
サンプルがありますよ。	**There is a sample.** ゼアリズアサンプォ
試してみたらどうですか？	**Why don't you try it on?** ウワイドンチュー　トライイットオン
店員さんに聞いてみますか？	**Do you want to ask the clerk?** ドゥユウウォントゥアスク　ザクラーク
案内所で聞いてきますね。	**I will ask at the information desk.** アイウィォアスク　アットザインフォメイションデスク
おそろいで買いますか？	**Do you want to match with me?** ドゥユウウォントゥマッチ　ウィズミィ
どっちにしようか迷います。	**I'm still thinking.** アイムスティォスィンキング
これとこれはどうちがうのですか？	**How is this different from this?** ハウイズディスディファレント　フロムディス
どっちがいいと思いますか？	**Which do you think is better?** ウイッチドゥユウスィンク　イズベター

私はこちらのほうが好きです。	**I like this one more.** アイライクディスワン　モア
こちらのほうが若く見えます。	**This makes me look younger.** ディスメイクスミィルックヤンガー
こちらのほうが大人っぽい雰囲気です。	**This is a more mature atmosphere.** ディスイズアモアマチュアー　アトモスフィー ▶ mature は「成熟した」という意味があります。
思ってたのとちがいました。	**It was different from what I thought.** イットワズディファレント　フロムホワットアイソウト
やめておきます。	**I will give up.** アイウィオギブアップ
ほかの店も見てみましょう。	**Let's go to another store.** レッツゴウトゥアナザーストォア
ほかに欲しいものはありますか？	**Do you want to buy anything else?** ドゥユウウォントゥバイ　エニスィング エオス
少し休憩しませんか？	**Would you like to take a break?** ウッジューライクトゥテイクアブレイク

素材を表す単語

綿	**cotton** コットン	麻	**hemp** ヘンプ
革	**leather** レザー	アルミ	**aluminum** アルミニウム
プラスチック／ビニール	**plastic** プラスティック		
金	**gold** ゴールド	銀	**silver** シォバー
銅	**copper** カパァ	鉄	**iron** アイアン

形を表す単語

円	**circle** サークォ	球	**ball** ボー
だ円	**ellipse** エリプス	半円	**half circle** ハーフサークル
三角形	**triangle** トライアングル	四角形	**square** スクエア
五角形	**pentagon** ペンタゴン	六角形	**hexagon** ヘキサゴン
星形	**star shape** スターシェイプ	ハート形	**heart shape** ハートシェイプ
おうぎ形	**U-shaped** ユーシェイプド	円すい	**cone** コーン

外国人に人気の意外なお土産

海外の方たちには「ばらまき土産」の概念はなく、お土産は、自分用や家族、ごく親しい人に買っていきます。日本のお土産で人気なのは、やはり、桜や富士山ほか、伝統的な和柄のもの。手ぬぐいや扇子は手ごろなお土産として喜ばれているようです。食品サンプルも日本ならではのお土産として有名ですね。めずらしい例だと、着物の帯をラグジュアリーなテーブルクロスにしている方がいるかと思えば、箸をインテリアとして飾っている方もいます。いずれも日本の造形美が感じられる逸品ということなのでしょう。

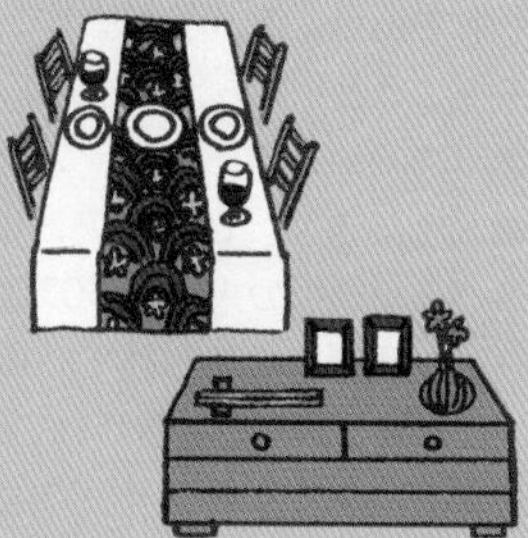

質感や印象を表す単語

透明な	clear クリアー	キラキラした	glittery グリッタリィ
光沢がある	shiny シャイニー	鮮やかな	brilliant ブリリアント
渋い	classic クラスィック	ふわふわした	fluffy フラッフィー
とがっている	sharp シャープ	細長い	slender スレンダー
涼しげな	cool クウォ	角ばっている	square スクィエア
ツヤツヤした	glossy グラッシイ	古風な	old-fashioned オールドファッションド
上質な	good quality グッドクオリティ	▶ fineでも「上質な」ということができます。	
きちんとした	neat ニート	▶ 働く意思のない人を指す「ニート」は、NEET（Not in Education, Employment or Training）です。	

勢いを増すスペイン語

アメリカ東部フロリダ半島の南東にあるマイアミビーチの近くにリトルハバナという地域があります。ここは町全体でスペイン語が使われており、アメリカ国内であっても英語がまったく通じません。道を聞こうとしても、誰も英語ができないので困ってしまいます。アメリカでは近年、メキシコやキューバを含め南米の国からの移民が増えています。とくにアメリカ南西部のロサンゼルスなどでは、ヒスパニック系の人口が40%にもなるため、公用語の英語以外に、スペイン語が広く使われています。また今後、ヒスパニックが白人の人口を追い越すとも言われています。

日本ではあまりメジャーではないスペイン語ですが、パンやタバ

対義語を知ろう

太い	thick スイック	⟷	細い	thin スイン
長い	long ロング	⟷	短い	short ショート
重い	heavy ヘヴィー	⟷	軽い	light ライト
大きい	large ラージ	⟷	小さい	small スモーォ
(高さが)高い	high ハイ	⟷	低い	low ロー
(値段が)高い	expensive イクスペンシブ	⟷	安い	cheap チープ
濃い	dark ダーク	⟷	淡い	pale ペイォ
明るい	bright ブライト	⟷	暗い	dark ダーク
広い	wide ワイド	⟷	狭い	narrow ナェロウ

コなど、意外と日本語として定着しているものもあります。今後は英語と並んで勉強したい人が増えるかもしれませんね。そのうち、日本の学校でも第二言語として英語に代わって学習される日が来るかもしれません。

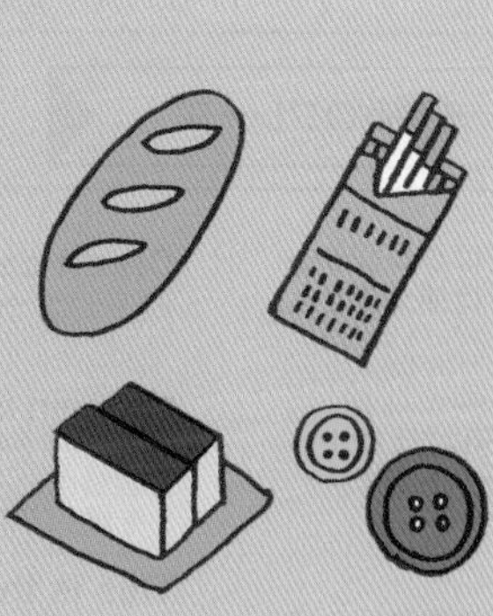

会計をする

Ⓐ これにします。

I want this.

アイウォントゥディス

支払いはむこうですよ。

You can pay over there.

ユウキャンペイオーヴァゼア

Ⓐ バリエーション

これに決めました。	**I'll take it.** アイォ　テイキット
これらを買います。	**I am buying these.** アイアムバイイングディーズ
これで全部です。	**That will be all.** ザッウィォビーオーゥ

その他のフレーズ

ここではクレジットカードは使えません。	**Credit cards cannot be used here.** クレジットカーズキャノットビーユーズドヒィィァ
100円はだいたい 92 セントです。	**100 yen is about 92 cents.** ワンハンドレッドイエン　イズアバウトナインティトゥセンツ ▶為替は刻一刻と変わるため、そのときのレートを調べて伝えるようにしてください。
これは消費税込みの金額です。	**This is the tax-included price.** ディスィッザ　タクスィインクルーデッドプライス ▶ tax は政府に納める税全般のことで、商品の場合はおもに消費税を指します。

❗ この店は免税店です。	**This store is a duty-free shop.** ディスストォアイズ　アデューティフリーショップ
この店は値引きできません。	**You can not get a discount at this shop.** ユウキャンノットケットアディスカウント アットディスショップ
袋は有料です。	**There is a charge for bags.** ゼアリズアチャージ　フォーバッグス
小分けの袋をつけてもらいますか？	**Do you have a small bag?** ドゥユウハヴアスモーォバッグ
無料でラッピングしてもらえますよ。	**You can get wrapping for free.** ユウキャンゲットゥラッピング　フォーフリー
いくらですか？	**How much is this?** ハウマッチ　イズディス
もう少し安くなりますか？	**Can you give me a discount?** キィャニュウギンミィ　ア　ディスカウント
これとそのほかの会計を分けてほしいのですが。	**I want to pay separately, this one and the others.** アイウォントゥペイ　セッパレイトリィ ディスワン　エン　ジアザーズ
日本円の引き出しができる ATM がありますよ。	**There are some ATMs that dispense yen.** ゼアラーサムエイティーエムズ ザットディスペンスイエン
この店はセルフレジです。	**This store is self-checkout.** ディスストォアイズ　セォフチェックアウト
レジが混んでいますね。	**The cash register is crowded.** ザキャッシュレジスターイズクラウディッド
レジは 1 階だけです。	**The cash register is on the first floor.** ザキャッシュレジスターイズ　オンザファーストフロア ▶イギリスでは 1 階が ground floor、2 階が first floor と、1 階ずつずれるので注意が必要です。

たくさん 買うんですね。	**You buy a lot.** ユウバイアロット
私の分もまとめて 会計して もらえますか？	**Can you pay for mine together?** キャンユウペイフォォマイントゥゲザー
あとで払いますね。	**I will pay you back later.** アイウィォペイユウバァック　レイター
出口のところで 待っていますね。	**I'll be at the exit.** アイォビィアットザエクジット
丈を直して もらいますか？	**Do you want to make it** ドゥユウウォントゥメイキッ **a little shorter?** アリルショーター
交換して もらいますか？	**Do you want to exchange it?** ドゥユウウォントゥ　エクスチェインジイット
重そうですね。 持ちましょうか？	**It looks heavy.** イットルックスヘヴィ **Do you want me to carry your bag?** ドゥユウウォンミートゥ　キャリィユアバッグ
荷物をひとつに まとめましょうか？	**Do you want me to** ドゥユウワンミートゥ **put your things all together?** プッチュアスィングス　オーゥトゥゲザー
これは次回の買い物で 使えるクーポン券です。	**This coupon can be used next time.** ディスクーポンキャンビーユーズドネクストタイム
免税カウンターは あちらです。	**The duty-free counter is over there.** ザデューティフリーカウンターイズオーヴァーゼア

PART 6

観光

計画を立てる

どこか行きたいところはありますか？

Where do you want to go?

ウウエェア　ドゥユゥ

ウォントゥゴゥ

日本らしいところがいいですね。

I like Japanese places.

アイライクジャパニィィズ　プレイスィィズ

浅草はどうですか？
お寺がありますよ。

How about Asakusa? There is a temple.

ハウアバウトゥ

アサクサ？

ゼアリズ

アテンポォ

いいですね！

Sounds good!

サウンズグゥッ

バリエーション

週末、どこかに行きませんか？	**Let's do something this weekend.** レッツドゥ　サムスウィング　ディスウィーケンド ▶親しい人を誘うときはLet's ～ . を使います。
行ってみたいところはありますか？	**Do you have something in mind?** ドゥユゥハヴ　サムスウィングインマインド

観光地に関する単語

▶世界遺産

World Heritage
ワーォド　ヘリティッジ

▶神社

shrine
シュライン

▶城

castle
キャッソォ

▶庭

garden
ガーデン

▶展望台

observatory
オブザーヴェトゥリ

▶灯台

lighthouse
ライトハウス

▶古墳

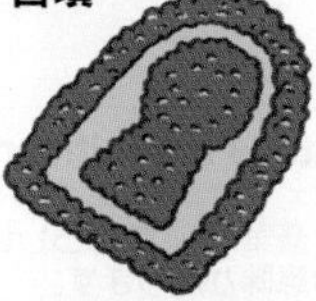

burial chamber
ビュウラォ　チェンバァ

▶遺跡

remains
リメインズ

▶鍾乳洞

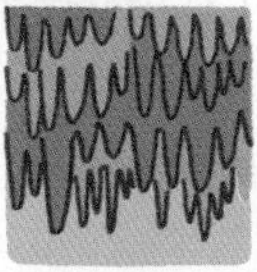

limestone cave
ライムストォン　ケイブ

▶高原

plateau
プレイトゥ

▶ダム

dam
ダァム

▶温泉

hot spring
ハッ　スプリング

お花見	**enjoying the beautiful cherry blossoms** エンジョイング　ザ　ビィュウティフゥ　チェリーブラッサムズ		
花火大会	**fireworks** ファイヤーワァクス	お祭り	**festival** フェスティヴァォ
夏フェス	**music festival** ミューズィックフェスティヴァォ	フルーツ狩り	**picking fruits** ピッキングフルーッ

日本の名所を紹介する

❗日本だとどこに行きましたか？	**Did you go anywhere in Japan?** ディッジューゴーエニウェア　イン　ジャパン
日本にいるのは長いんですか？	**Have you been in Japan long?** ハビュービーン　インジャパン　ロング ▶ Have you been ～ long? は、今を起点としてどれくらい前からそこにいるかを尋ねています。
札幌の雪祭りはとても素晴らしいですよ。	**Sapporo's snow festival is a** サッポロズスノウフェスティヴァォイッズァ **must-see.** マストスィー
大きな雪像がたくさん並びます。	**There are a lot of large** ゼアラーアラットオブラージ **ice sculptures lined up.** アイススカルプチュアーズラインナップ
仙台の牛タンはおいしいと評判です。	**Sendai is famous for its delicious** センダイイズフェイマスフォ　イッツ　デリシャス **beef tongue.** ビーフタン
日光東照宮の門は壮麗です。	**The Nikko Toshogu gate is magnificent.** ザ　ニッコートーショーグーゲイトイズ　マグニフィセントゥ ▶ magnificent は「壮大な」「豪華な」「すばらしい」「見事な」「崇高な」などの意味があります。
東京スカイツリーは634 mあります。	**Tokyo Sky Tree is 634 m high.** トーキョスカイトゥリー　イズ　スェックスハンドゥレッド サーティーフォゥミーターズ　ハイ
東京の桜は３月から４月にかけてが見頃です。	**In Tokyo, the cherry blossoms are** イントーキョー　ザチェリーブロッサアンムズアー **usually in full bloom in March and April.** ユージュアリー　インフルブルーム　インマーチエンドゥエイプリルゥ
新宿御苑を案内しますよ。	**I can take you to Shijuku Gyoen.** アイキャンテイキュー　トゥ　シンジュクギョエン
白川郷ではユニークな合掌造りを見ることができます。	**You can see the unique gassho-zukuri** ユーキャンスィー　ザユニーク　ガッショーズクリ **in Shirakawa-go.** イン　シラカワゴー
高野山は深い山の中で、濃厚な仏教体験ができる寺です。	**You can have a real Buddhist experience** ユーキャンハヴァ　ウリイオゥブッデストエクスペリエンス **deep in the mountain at Koyasan Temple.** ディープインザマウンテン　アッ　コーヤサンテンポォ

❗ 富士山は日本で最も高い山です。	**The highest mountain in Japan is Fuji.** ザハイエストマウンテンインジャパン　イズフジ
富士山は山梨県と静岡県にまたがっています。	**Fuji is located in both Yamanashi** フジイズロケイティッドゥインボウス　ヤマナシ **and Shizuoka prefectures.** エンドゥッ　シズオカ　プリフェクチャーズ ▶ prefecture は「県」の意味です。
富士山の山頂に太陽が重なる「ダイヤモンド富士」はとても美しいです。	**It is very beautiful to see the sun** イティーズ　ヴィエリィ　ビィュウティフゥ　トゥスィィ　ザサン **overlapping the summit of Mt. Fuji,** オバァラッピング　ザ　サミットオブ　マウントゥフジ **which is called "Diamond Fuji",** フウイッチイズコールド　ダイアモンドフジ
京都は日本の伝統文化をたくさん感じられるスポットです。	**You can experience traditional** ユーキャンエクスペリエンス　トラディショナル **Japanese culture in Kyoto.** ジャパニーズカォチャー　インキィヨト
京都は長い間、日本の首都でした。	**Kyoto used to be the capital of Japan.** キィヨトユーズトゥービー　ザキャピトォオブジャパン
京都の夏はとても暑いので気をつけてくださいね。	**Please be aware that the summer in** プリーズビーアウェア　ザットゥザサマーイン **Kyoto is very hot.** キィヨトイズ　ヴィエリィハッ
伏見稲荷大社の千本鳥居は圧巻です。	**The Senbon Torii at Fushimi Inari** ザ　センボントリイ　アットゥフシミイナリ **Taisha looks like art.** タイシャ　ルックスライクアート
大阪はおいしい食べ物がたくさんありますよ。	**Osaka is known for its culinary dishes.** オーサカ　イズノウンフォ　イッツ　カリナリィディッシーズ ▶ culinary dishes は「郷土料理」という意味です。
たこ焼きはとってもおいしいんですよ。	**There is nothing like takoyaki.** ゼアリズ　ナッスィングライク　タコヤキ ▶ There is nothing like ～. は「～に限る」。つまり、とてもおいしいということです。
厳島神社は海中からそびえる朱の鳥居が印象的です。	**Itsukushima Shrine is beautiful with the** イツクシマシュラインイズ　ビィュウティフォ　ウィズザ **vermilion torii towering up from the sea.** ヴァーミリヤントリイ　トゥワリングアップフロームザスィー

広島平和記念資料館は、悲惨さを伝えています。	**You'll find the Hiroshima Peace Memorial Museum very tragic.** ユーゥルファインド ザ ヒロシマピース メモリアォミュージアム ヴィエリィトゥラジック
沖縄に行ったことはありますか？	**Have you ever been to Okinawa?** ハヴユーエバービーントゥ オキナワ
動物のいるカフェは、衛生にとても気を使っています。	**Animal cafés are kept clean.** エニマォカフェズアー ケプトクリーン
公道でのゴーカートは海外の方に人気です。	**Many foreigners find street go-kart exciting and fun.** メニーフォーリナーズ ファインド ストゥリートゥ ゴーカート エキサイティング エンドファン
人気アニメの舞台となった地は「聖地」と呼ばれます。	**A place that became a stage of a popular animation is called a "sacred place".** アプレイスザットゥビケイムア ステイジオブア ポッピュラーアニメイションイズコーゥドゥ サクリッドプレイス
❗ 外国人向けの歌舞伎鑑賞教室があります。	**Tourists can take a Kabuki class.** トゥアリスト キャン テイカ カブキクラッス
日本にはナイトクラブやバーがたくさんあります。	**There are many nightclubs and bars in Japan.** ゼアラーメニーナイトクラブズ エンドゥ バーズ インジャパン

名所に出かける

紅葉を観にいきませんか？	**Want to see autumn leaves?** ウォントゥシー オタムリーヴズ
夏にはこの近くの川で花火が上げられます。	**Fireworks are set off by the river in the summer.** ファイアーワークスアーセットオフバイザゥリバー インザサマー
観光地を巡るバスツアーがありますよ。	**There is a bus tour that goes to popular tourist spots.** ゼアリズアバストゥア ザット ゴーズ トゥポピュラートゥーリストスポッ
ツアー料金は5700円です。	**It's 5700 yen for the tour.** イッツ ファイブサウザンセブンハンドレッドイエン フォザトゥアー

半日かけて都内をめぐります。	**There's a Tokyo half-day tour.** ゼアリズア　トーキョーハーフデイトゥアー
ご当地グルメを食べませんか？	**Have you tried the local food?** ハヴユートゥライド　ザ　ローカォフードゥ
ここではかき氷が人気です。	**Shaved ice is popular here.** シェイブドゥアイスイズポピュラーヒィィア
9:30に集合しましょう。	**Let's meet up at 9:30.** レッツミータップ　アットナインサーティー
川越までは電車です。	**We'll go by train to Kawagoe.** ウィーォゴウバイトゥレイントゥカワゴエ
指定区間が乗り放題になるフリーきっぷがありますよ。	**There are tickets that allow you** ゼアラーティケッ　ザットゥアロウユー **to jump on and off for free.** トゥージャンプオンエンドゥオフ　フォフリー ▶ allow you to jump on and off for freeは「自由に乗り降りしてもよい」を意味します。

レジャーに関する単語

美術鑑賞	**appreciating art** アプリシェイティングアート	映画鑑賞	**watching movies** ウワッチングムーヴィーズ
スポーツ観戦	**watching a game** ウワッチングアゲィム	観劇	**theater** スィアター
音楽鑑賞	**listening to music** リスニングトゥ　ミュージック	カラオケ	**karaoke** カラオキ
自然探索	**exploring nature** エクスプローリグネイチャー	史跡めぐり	**historical sightseeing** ヒストリカルサイトゥスィーング

神社・寺

すごい人出ですね。
There are a lot of people here.
ゼアラーアロットオブピーポー　ヒィィア

あれは何ですか？
What's that?
ホワッツザット

手を洗って清めるところです。
This is the washing station
ディスイズザ　ウォッシングステイション
to wash your hands and to
トゥウォッシュユア　ヘンズ　エンドゥトゥ
cleanse you.
クレンズユウ

なるほど！
I see how it works.
アイスィー　ハウイットゥワークス

A バリエーション

何に並んでいるんですか？	**Who are they in line with?** フーアーゼイインライン　ウィッズ
あの人だかりは何ですか？	**What's going on over there?** ホワッツゴーイングオン　オウヴァーゼアー

B バリエーション

お守りなどが売られています。	**They have a sale on amulets and other things.** ゼイハヴァセイオォン エミュレッ　エンドゥアザースィングス ▶ amulet が「お守り」です。
ご朱印をいただくところですよ。	**We're getting a red stamp.** ウィアゲッティング　ア　レッドスタンプ
おみくじを引けますよ。	**You may be able to draw a fortune.** ユーメイビーエイブォトゥ　ドゥロウ　ア　フォーチュン

その他のフレーズ

神社は神聖な場所です。	**Shrines are sacred.** シュラインズアー　セイクリッドゥ
神社は神道のための聖堂です。	**The Shinto faith uses shrines.** ザシントーフェイス　ユゥズィズシュラインズ ▶ Shinto は日本固有の名称のため、「信仰」を表す faith を使うと伝わりやすいでしょう。
この建物は木造です。	**This building is wooden.** ディスビォディング　イズウッドゥン
日本ではあらゆるものに神が宿ると考えられてきました。	**In Japan, many believe gods live in everything.** インジャパン　メニーブィリーブ　ゴッズゥリヴインエブリスィング ▶ many は many people のことです。
神社には歴史上の人物が祀られている場合もあります。	**The soul and figures of the historical** ザソウォエンフィギュアズオブザヒストリカォ **persons may be found at shrines.** パースンズ　メイビィファウンドゥ　アットゥシュラインズ
すごく長い階段ですね。	**The stairs are long.** ザステアーズアーロング
境内では飲食できません。	**We cannot eat and drink in** ウィーキャノットイーツ　エン　ドゥリンクイン **the precincts of the shrine.** ザプリシンクッザシュライン ▶ precincts は「区域」という意味です。

鳥居は神社の象徴的な建造物です。神域への入り口を示しています。	**The symbolic Torii shows the** ザスィンボリックトリイショウズザ **entrance to the shrine.** エントランス　トゥザシュライン
一礼してから鳥居をくぐります。	**Give respect with a bow before** ギブリスペクトゥウィッズアバウ　ビフォウァ **entering the Torii gate.** エンターリングザ　トリイゲイトゥ ▶直訳すると「鳥居をくぐる前に、おじぎをして敬意を表しましょう」となります。
鳥居のまん中は神様の通り道とされています。	**The path of gods is the** ザパッソブゴッズイズ　ザ **walkway in the middle of the Torii.** ウォークウェイインザミドーオブザトリイ
❗ ご神木やご神体は触ったり写真に撮ってはいけないものもあります。	**There are some sacred things that should** ゼアラーサムサクリッドゥスィングス　ザット　シュッドゥ **not be touched or photographed.** ノットビータッティドゥ　オア　フォトグラフドゥ
「巫女」は神に仕える未婚の女性です。	**A miko is an unmarried** アミコイズアン　アナメァリード **woman serving a god.** ウーマン　サーヴィンアガッ
狛犬は魔よけの力があるとされています。	**The guardian dogs supposedly** ザガーディアンドッグズ　サポーザドゥリ **have magical powers.** ハヴ　マジカォパゥワ ▶ supposedly は「おそらく」の意味です。
稲荷神社は五穀豊穣の神様を祭っています。	**The Inari Shrine belongs to a** ザ　イナリシュラインビロングズ　トゥア **fertility god.** ファティリティゴッド ▶ fertility には「肥沃」「多産」などの意味があります。
狐は神様の使者とされています。	**The fox is believed** ザフォックスイズブィリーブドゥ **to be a messenger of the gods.** トゥビーアメッセンジャー　オブザゴッズ
絵馬に願いごとを書いてつるします。	**You can write a wish on a votive** ユウキャンゥライトアウィッシュ　オンアボティーヴ **tablet "Ema" and hang it there.** タブレット　エマ　エンハンギッゼア

❗ お寺と神社では参拝方法はちがいます。	**There are many ways to worship** ゼアラーメニーウェイズトゥワーシップ **at temples and shrines.** アッテンポォズ　エン　シュラインズ ▶ ways to worship は「参拝の方法」です。
社殿の中では祈祷が行われています。	**Prayer ceremonies are** プレイヤーセレモニィズアー **carried out in the main shrine.** キャリーアウトインザメインシュライン ▶ prayer は「祈り」です。
参拝する前にあそこで手を洗います。	**To cleanse yourself before** トゥクレンズユアセルフビフォァ **worshipping, wash your hands.** ワーシッピング　ウォッシュユアヘンズ
お賽銭はいくらでもよいです。	**You can give as much as you want.** ユーキャンギヴアズマッチアズ　ユーウォントゥ
5円玉を入れる人が多いと聞いたことがあります。	**I heard that many people** アイハードザット　メニーピーポー **put in 5-yen coins.** プットインファイブイエンコインズ
5円は「ご縁」にかけられています。	**5 yen has the meaning of “bond”.** ファイブイエンハッザミーニング　オブ　ボンドゥ
鈴を鳴らしたあと、二拝二拍手一拝が基本です。	**Ring the bell, bow twice, clap twice,** リングザベル　バウトゥワイス　クラップトゥワイス **and then bow once.** エンゼン　バウワンス
ご朱印は自分が参拝した記念にいただくものです。	**To commemorate our worship,** トゥコメモレイトゥアワワーシップ **we’ll get a red stamp.** ウィォゲッタ　レッドスタンプ
これがご朱印帳です。	**This is the red stamp book.** ディスィズザ　レッスタンプブック
おみくじは100円です。	**A fortune paper costs 100 yen.** アフォーチュンペイパーコスツ　ワンハンドレッドイエン

大吉はもっともよいという意味です。	**The best is "daikichi".** ザベストイズ　ダイキチ
末吉は凶よりはよいことを表しています。	**Better than "bad luck" is "suekichi".** ベターザンバッドラックイズ　スエキチ
おみくじはあそこに結んでもよいし、持ち帰ってもよいことになっています。	**You can tie the fortune on over there** ユーキャンタイザフォーチュンオンオーヴァゼア **or take it home.** オア　テイキッホーム
持ち帰ったおみくじは大切にしてくださいね。	**Take the fortune you received in** テイクザフォーテュン　ユーレシーブドウイン **Japan back to your home.** ジャパン　バックトゥユアホーム
日本に仏教が伝わったのは6世紀頃です。	**In the 6th century, Buddhism was** インザ　スエックススセントゥリィ　ブッディズムワズ **introduced to Japan.** イントロドゥースドゥ　トゥジャパン
拝観料は500円です。	**It costs 500 yen to enter.** イッコスツ　ファイブハンドレッドウイエン　トゥエンター
このお寺には国宝があります。	**There is a national treasure** ゼァリズアナショナルトレジャァ **in this temple.** インディステンポゥ
このお寺は世界遺産に登録されています。	**This temple is registered as a** ディステンポォイズレジスタードゥ　アズア **world heritage.** ワーウドヘリテイジ
このお寺はあじさいがきれいなことで有名です。	**This temple is famous for** ディステンポォイズフェイマスフォォ **its beautiful hydrangeas.** イッツビィュテフォ　ハイドレインジアズ
このお寺では座禅体験ができます。	**You can experience Zen meditation** ユウキィャンエクスペァリエンス　ゼンメディテイション **in this temple.** インディステンポォ
早朝に訪れることをおすすめしますよ。	**I recommend that you visit this** アイレコメンド　ザッユウビズィッディス **temple early in the morning.** テンポォ　アーリーインザモーニング
早朝だとあまり人はいません。	**There are only a few people in this** ゼアラーオンリィアフュゥピーポー　インディス **temple early in the morning.** テンポォ　アーリーインザモーニング

とても静かですね。	**Very quiet.** ヴィエリィクワイエッ
石と砂でできた庭です。	**It is a garden made of** イッティーズアガーデン　メイドオブ **sand and stones.** サンドエンドストーンズ
芸術的ですね。	**Artistic.** アーティスティック
ここは「本堂」といって、お参りする場所です。	**"The hondo" is a place to worship.** ザホンドーイズアプレイス　トゥワーシップ
参拝は訪れたことに対するあいさつの意味もあります。	**Visitors get a greeting during worship.** ヴィジターズゲッツアグリーティング　ドゥアリングワーシップ
香煙は身体の病気を癒すと言われています。	**It is said that the incense** イッティーズセッドザッ　ジインセン **smoke heals physical ailments.** スモークヒィィオズ　フィジカォエィォマアントゥ
お寺では拍手は打ちません。	**Don't clap in the temple.** ドントゥクラップ　インザテンポォ
一礼してから合掌します。	**Bow first and then** バウファースト　エンドゼン **put your hands together.** プッチュアヘンズトゥギャザ
宿坊では、宿泊して僧の生活が体験できます。	**You can experience a monk's life** ユーキャンエクスペァリエンス　アモンクスライフ **at Shukubo.** アットシュクボー
精進料理は肉類を使わない料理です。	**Shojin cuisine is vegetarian.** ショージンキュイジーンイズ　ベジタリアン
あそこにはなんと書いてあるのですか?	**What's on it?** ホワッツオンニット ▶ What does it say on it? を省略した形です。
私もわかりません。	**I don't know, either.** アイドンノゥイーザァ

東大寺には何があるんですか？

What's in Todaiji?

ホワッツイン　トーダイジ

大きな大仏がありますよ。

There's a giant Buddha statue.

ゼアリズ　ア　ジャイアント　ブッダ　スタチュウ

どれくらい大きいんですか？

How big is it?

ハウビッグ　イズイッ

座高が14.98m（49ft）もあるそうです

It is 14.98 m or 49 feet high.

イッティーズフォウティーンポイントナインエイッミーター　オァ　フォウティナインフィーツハイ

鹿にも会えますよ。

There are deer you can see.

ゼアラーディィア　ユーキャンスィー

わー！　行ってみたいです。

Oh! I want to go.

オー　アイウゥウォントゥ　ゴウ

海外の寺院・教会

この教会はいつ建てられましたか？	**When was this church built?** ウウェン ワズディスチャーチ ビィオトウ
1626年です。	**It was built in 1626.** イットワズビィオトウイン スエックスティーントゥエンティスエックス
4世紀です。	**It was built in the 4th century.** イットワズビィオトウイン ダフォウスセンチュリィ
日本語のガイドツアーはありますか？	**Is there a Japanese guided tour?** イズゼアア ジャパニィィズガイドトウアー
ミサは何時に終わりますか？	**What time does the Mass end?** ウワッタインムダズザマス エン
入場するためにこの列に並ぶのですか？	**Do I have to get in this line to enter?** ドゥアイハフトゥゲットインディスライン トゥーエンタァ
入場料は3ユーロです。	**Admission is 3 euros.** アドミッションイズ スリーユーロズ
中で写真を撮ってもいいですか？	**Can I take pictures** キィャナイテイクピクチュアーズ **inside this church?** インサイドディスチャーチ
撮影料は2ポンドです。	**The photo-taking fee is 2 pounds.** フォトテイキンフィー アー トゥーポンズ
このシールを見えるところに貼ってください。	**Please put this sticker on your clothes,** プリィズプッディススティッカーオンニュアクロウス **where it can be seen.** ウウエァ イッキィャアンビースィーン
禁止マークのあるところでは撮れません。	**You cannot take pictures in** ユウキィャンノットテイクピクチュアーズ イン **places with the prohibition mark.** プレイスズウィズザプロヒビションマーク

庭園や城

とってもきれいな庭ですね。
The garden is very beautiful.
ザガーデンイズ　ヴィエリィビィュウティフォ

アーチの美しい橋がここの見どころです。
The beautiful bridge arch is the focal point.
ザビィュウティフォブリッジアーチイズ　ザフォーカォポイント

鯉がいますね。
There are many carps.
ゼアラーメニィカープス

色鮮やかな鯉は錦鯉というんですよ。
The colorful carp is called nishikigoi.
ザカラフォカープイズコーゥドニシキゴイ

100円でえさが買えて、えさやりができますよ。
For 100 yen, you can feed them.
フォワンハンドゥレッドイェン　ユーキャンフィードゼム

やってみます！
I'll try!
アイウィォ　トライ

勢いがすごいですね。ちょっと怖いですが楽しいです！
The force of them is intense, but amazingly fun!
ザフォースオブゼムイズインテンス　バットゥ　アメイジングリィファン

散策しましょう。	**Let's go for a walk.** レッツゴーフォアウォーク
散策にピッタリの陽気ですね。	**It is nice weather for a walk.** イッティーズナイスウェザー　フォアウォーク
約 300 年前にできた庭です。	**This is a 300-year-old garden.** ティスイズ　ア　スリーハンドゥレッドイヤーオールドガーデン
四季折々の姿が楽しめます。	**You can enjoy the scenery year-round.** ユーキャンエンジョイザスィーナリィ　イヤーラウンド ▶ year-round は「一年中」という意味です。
あそこに見えるのは松です。	**The pine trees can be seen over there.** ザパイントゥリーズキャンビースィイン　オウヴァーゼアー
あの山を庭の景観に取り入れています。	**The mountain and garden** ザマウンテイン　エンドガーデン **landscapes can be seen together.** ランドスケイプス　キィャアンビィシーントゥギャザァ
夜にはライトアップされます。	**You can see the lights at night.** ユーキャンスィザライッ　アットナイト
奥の茶室に行ってみましょう。	**Let's move to the back of the tea room.** レッツムーブトゥザ　バックオブザティールーム
700 円で抹茶とお菓子がいただけますよ。	**You can get matcha and** ユウキャンゲットマッチャ　エンド **sweets for 700 yen.** スウィーッ　フォセブンハンドゥレッドイエン
温室に行ってみましょうか。	**Want to go to the greenhouse?** ウォントゥゴートゥザ　グリーンハウス
あちらにバラ園があります。	**A rose garden is over there.** アローズガーデンイズ　オウヴァーゼアー
歴史的な建物も見てみましょう。	**Check out those old buildings.** チェッカウトゥ　ゾウズオウルドゥビユディングス

もともとは皇室の 庭園でした。	**It was an Imperial garden, originally.** イットゥワズアンインペリアォガーデン　オリジナリィ
この池ではボートも 貸し出して いるんですよ。	**They also rent boats in this pond.** ゼイオールソーレントボウッ　インディスパウンド
春は桜、秋は紅葉が きれいですよ。	**The spring cherry blossoms and** ザスプリング　チェリブラッサムズ　エンド **autumn leaves are very beautiful.** オータンムリーブズアー　ヴィエリィビィユウティフォ
この庭はどれくらい 広いのですか？	**How large is this garden?** ハウラージ　イズディスガーデン
79ac（32ha）です。	**It is 79 acres (32 hectares).** イッティーズセブンティーナインエイカーズ （サーティトゥーヘクタールズ）
左右対称で 美しいですね。	**This garden has beautiful symmetry.** ディスガーデンハズビィユウティフゥシンメトリィ
この花は何という 花ですか？	**What is the name of this flower?** ウワッイズザネイムン　オブディスフラウワァ
日本では見たことが ない植物です。	**I have never seen that plant** アイバヴネバーシーンザップラントゥ **in Japan.** インジャパン
時間がゆっくり 流れているように 感じますね。	**I feel that time goes by slowly.** アイフィーォ　ザッタインムゴウズバイ　スロウリィ
モネの絵のような 庭ですね。	**This garden remineds me** ディスガーデン　リマインズミー **of the paintings of Monet.** オブザペインティングズオブモネ
おとぎ話の世界に いるようです。	**I feel like I'm in the world** アイフィーォライク　アイムインザワールド **of a fairy tale.** オブアフェアリィテイォ
あの建物が入るように 撮ってくださいね。	**Please take a picture** プリーズテイカピクチャ **with that building in it.** ウィズザッビュディングイニッ

次はぜひ桜の時期に 来てくださいね。	**You should come back next** ユーシュッドカムバック　ネクスト **cherry blossom season.** チェリブラッサムスィーズン
楽しそうです！	**It looks so much fun!** イットゥルックス　ソーマッチファン
見てみたいです。	**I would love to see that.** アイウッドゥラブトゥ　スィーザット
日本の城は 15 ～ 17 世紀にたくさん建て られました。	**Many castles in Japan were built** メニーキャッソズインジャパンワァ　ビイゥトゥ **between the 15th and 17th centuries.** ビトゥウィィンザフィフティインス　エンドゥ　セブンティインスセントゥリィズ
城のシンボルである 天守は、再建された ものがほとんどです。	**Most of the castle's towers are rebuilt.** モウストオブザキャッソーズタゥワァアーズ　アァ　リビュトゥ
門からかんたんに 天守にたどり着けない ように造られています。	**The design makes it very difficult** ザデザインメイクスイットゥヴィエリィディフィカォ **to get in from the gate to** トゥゲットインフロームザゲイトゥ **the castle's tower top.** ザキャッソータゥワァアートップ
屋根の上についている いるのは 鯱（しゃちほこ）です。	**There's a "shachi (shachihoko)"** ゼアアズァシャチ(シャチホコ) **on the roof.** オンザルーフ
火除けの意味で つけています。	**Shachihoko is a fire-protecting** シャチホコ　イッザ　ファイアープロテクティング **good luck charm.** グッラックチャーム ▶ good luck charm は「幸運のお守り」です。
金色のものもあります。	**Also, there are gold ones.** オールソウ　ゼアラー　ゴールドワンズ
城の中はどうなって いるのですか？	**What is there in the castle?** ウワッイズゼアー　インザキャッソー

美術館と博物館になっています。	**There are an art museum** ゼアラー アンアートミューズィアム **and a museum.** エンドア ミューズィアム
今も発掘が行われています。	**Excavation is still carried out.** イクスカベイションイズスティルキャリードアウト

展望台・展望タワー

ここからは街が一望できます。	**You can see the city from here.** ユーキャアン スィーザシティ フロムヒイィア
東側には海が見えます。	**On the east side,** オンザイーストサイド **you can see the sea.** ユーキャンスィーザシー
あそこに小さく見えるのが駅です。	**That tiny building over there** ザッタイニィビルディングオゥヴァゼア **is the station.** イッザステイション
あの大きな川は何ですか？	**What river is that?** ホワットリバー イザットゥ
あそこに流れているのは利根川です。	**It is the Tonegawa that flows there.** イッティーズザトネガワ ザットフロウズ ゼアー
この展望台からの夜景はとてもきれいですよ。	**From this observatory,** フロムディスオブザベイトゥリィ **the night view is so beautiful.** ザナイト ヴュウイズ ソービィユウティフォ
日本三大夜景のひとつと言われています。	**This is one of** ディスイズワンノブ **the best night views in Japan.** ザベストゥナイトヴュウズ インジャパン
晴れた日は富士山が見えますよ。	**On a clear day, you can see Mt. Fuji.** オンナクリアーデイ ユーキャンスィーマウントフジ
上層階はさらに別料金がかかります。	**For the upper floors, there's an** フォザアッパーフロアズ ゼアズ **additional charge.** アンアディショナルチャージ

夏にここから見る花火は地上とはまたちがった魅力があります。	**The view of the fireworks from up here is better than seeing them from the ground.** ザヴュウオブザ ファイアーワークス フロームアップ ヒィィアイズ ベターザンスィーインゼムフラム ザグラウンド
とてもロマンティックですね。	**It's so romantic.** イッツソー ロマンティック
吸い込まれそうです。	**I feel like I'm going to fall.** アイフィーゥライクアインムゴウイングトゥフォーゥ
高いところは苦手なんです。	**I'm afraid of heights.** アイムアフレイドブハイツ
まるで雲の中にいるようです。	**It's way up in the clouds.** イッツウェイアプイン ザクラウズ

外国人に人気の意外なスポット

日本に観光に来ている外国人には、京都や浅草、鎌倉など、日本らしさを感じるエリアが人気です。各地で行われている骨とう市のほか、境内に膨大な招き猫が奉納されている神社なども、気軽にディープな日本文化を感じられるとあって人気です。

しかしなかには、日本の日常的な光景に魅力を感じる外国人もたくさんいます。

例えば、地下鉄。東京の地下鉄の利用客数は北京を抑えて世界一というデータがあるほど、わたしたちにとってなじみの深いものであると言えるでしょう。しかし、そもそも地下鉄がない国や、あっても日本に来て初めて地下鉄を見たという人もいるほど、じつは世界的にみるとめずらしいものなのです。たいていの外国人は、運行スケジュールの正確さに驚くようです。

レジャーに出かける

A

何から乗りますか？

What ride do you want to go on?

ホワットライド　ドゥユー　ウォントゥゴーオン

B

絶叫系に行きましょう。

Let's go on the scary ride.

レッツゴーオンザ　スケアゥリライド

いいですよ。

Yea!

イヤァ

訪日観光客には、世界規模で展開しているテーマパークや、絶叫系のアトラクションを多く有したテーマパークが人気です。また、海外にもアトラクションが充実しているテーマパークは多数あります。

Ⓐ バリエーション

次はどうしますか？	**What's next?** ホワッツ　ネクスト
乗りたいものはありますか？	**Is there something you want to ride?** イズゼアサムスウィング　ユーウォントゥライド
どんな乗り物が好きですか？	**What ride do you like?** ホワットライド　ドゥユーライク ▶ What is your favorite ride? と言うこともできます。
苦手な乗り物はありますか？	**Is there any ride you cannot go on?** イッゼアエニィライド　ユーキャノットゴーオン

Ⓑ バリエーション

私はジェットコースターに乗りたいです。	**A roller coaster is a must-do.** アローラーコースター　イッザマスドゥ
日陰で休みましょう。	**Let's take a break in the shade.** レッツテイカブレイク　インザシェイド
昼食にしましょう。	**It's lunchtime.** イッツ　ランチタイム
お土産を見ましょう。	**Let's check out the souvenirs.** レッツチェッカウト　ザ　スーベニヤアズ
お手洗いに行ってきます。	**I need to use the bathroom.** アイニードトゥユーズ　ザバスルーム
キャラクターと一緒に写真を撮りたいです。	**I want a picture with a character.** アイウォンタピクチャー　ウィズアキャラクター
フリーフォール以外にしてください。	**Let's avoid the free-fall ride.** レッツアヴォイドゥザ　フリーフォーォライド ▶ avoid は、「避ける」といった意味です。

遊園地・テーマパーク

3歳以上は 大人料金です。	**Three year olds or older need to pay** スリーイヤーオゥルズオアオールダーニードトゥペイ **the same fee as adults.** ザセイムフィー　アッズアダルッ
荷物を預けたいです。	**I want to leave baggage.** アイウォントゥーリーヴ　バゲッジ
園内マップをどうぞ。	**Look at the map please.** ルッカットザマップ　プリーズ
荷物検査があります。	**There is a baggage check ahead.** ゼアリズアバッゲッジチェック　アヘッド
飲食物の持ち込みは できません。	**No outside food or drinks are** ノーアウトサイドフードオァドゥリンクスアァ **allowed inside.** アラウドインサイド
ジェットコースターは 苦手です。	**I do not like roller coasters.** アイドゥーノットライク　ローラーコースターズ
怖すぎて声も 出ませんでした。	**I was too scared to scream.** アイワズトゥスケアード　トゥスクリーム
ここはイタリアの 街並みを再現して います。	**This setting feels like we’re** ディスセッティングフィーウズライク　ウィアー **really in Italy.** ウリィアウリィインイタリ
これは高いところから 落ちるアトラクション です。	**This ride has a drop.** ディスライドハズアドゥロップ
これは最近できた アトラクションです。	**This ride is new.** ディスライドイズニュウ
歩いてまわるタイプの お化け屋敷です。	**This haunted house is not a ride.** ディスハウンティッドハウスイズノットアライド **You just walk around inside.** ユウジャストウォークアラウンドインサイド

このコースターは 1回転します。	**This roller coaster has one loop.** ディスロウラーコースターハズ　ワンルーウプ
このアトラクションは 水に濡れます。	**You get wet on this ride.** ユーゲットウェットオンディスライド ▶ This is a wet ride. と言うこともできます。
この乗り物には 身長制限があります。	**There is a height limit for this ride.** ゼアリズアハイリミッ　フォディスライド
❗ 大観覧車からの 眺めは絶景です。	**The top of the Ferris wheel has a great view.** ザトッポブザフェリースウィイォ　ハッザグゥレイッヴュウ ▶ Ferris wheel は「観覧車」のことです。
パレードのあとに 花火が上がりますよ。	**The fireworks are after the parade.** ザファイヤーワークスアー　アフターザッパレイド
これは怖くないと 思いますよ。	**I don't think this ride will be scary for you.** アイドンスィンク　ディスライドゥウィォビースケアリィフォォユウ
2時間待ちだそうです。	**It's a two-hour wait.** イッツァ　トゥーアワーウェイト
❗ 待ち時間の間に、 このあとに乗る アトラクションの 計画を立てましょう。	**Let's pick the next ride while** レッツピックザネクストライド　ホワイォ **we are waiting.** ウィーアーウェイティング
待ち時間が短くなる チケットがあります。	**This ticket reduces the waiting time** ディスティケットリデューシイズ　ダウェイティングタインム **for each ride.** フォイーチライド
休日はとくに 混んでいます。	**It's really busy during holidays.** イッツゥリィアゥリィビズィ　デュアリングホリディズ
こっちのエリアは 空いていますね。	**This area is vacant.** ディスエァリアイズベイケント
ここのショーを 楽しみにしていました。	**I was looking forward** アイワズルッキングフォワード **to the show here.** トゥーザショウ　ヒィィア

ショーは13：10からです。	**The show starts at 13:10.** ザショウスターツアットサーティーンテン
飲みものを買ってきますね。	**I'll buy something to drink.** アイォバイ　サムスィングトゥドゥリンク
ポップコーンはどの味がいいですか？	**Which flavor of popcorn** フイッチフレイヴァオブポップコーン **do you want?** ドゥユゥワン
ここで待っていてください。	**Wait here please.** ウェイトゥヒィイァ　プリーズ
この時期限定のグルメやお土産があります。	**They are offering special food and** ゼイアーオファーリングスペシャォフードゥ　エンドゥ **souvenirs for a limited time only.** スーベニールズ　フォア　リミティッドゥタイムオンリ ▶ offer は「提供する」という意味があります。
お昼にピザが食べたいです。	**I want to eat pizza for lunch.** アイウォントゥーイートピッツァ　フォランチ
雨宿りをしましょう。	**Let's wait until the rain stops.** レッツウェイト　アンティルザレインストップス

遊園地・テーマパークに関する単語

メリーゴーランド	**merry-go-round** メェリーゴーラウウンド	回転ブランコ	**chair swing** チェアスウィング
ゴーカート	**motor cart** モーターカート	コーヒーカップ	**tea cups** ティーカップス
ぬいぐるみ	**stuffed animal** スタッフドゥエニモォ	土産物店	**souvenir shop** スーベニーアショップ
ろう人形館	**waxworks** ワックスワークス	撮影スポット	**a photo spot** アフォトスポット

動物園・水族館

動物園に行ってみますか？
Want to go to the zoo?
ウォントゥゴートゥ　ザズー

好きな動物はなんですか？
Do you have a favorite animal?
ドゥユーハッバ　フェイバリット　エニマォ

私はキリンが好きです。
Giraffes, I like them a lot.
ジラフズ　アイラクゼムアロット

背が高くてクールです
They're tall and cool.
ゼイアートー　エンド　クゥォ

ぜひ観にいきましょう！
Let's go together!
レッツゴウ　トゥギャザー

その日は休園日 だそうです。	**It seems they are closed that day.** イットゥシームズ　ゼイアークロウズドゥザッデイ
入園料は いくらですか？	**How much to get in?** ハウマッチトゥゲッティン ▶ What is the cost to enter? と言うこともできます。
600 円です。 小学生までは無料です。	**Free for elementary students and** フリーフォエレメンタリィスチューデンツ　エンド **600 yen for everyone else.** スェックスハンドゥレッドイエン　フォエブリワンエオス
65 歳以上は 300 円です。	**For people 65 years and** フォピーポゥ　スェックスファイブイヤーズ　エンド **older it is 300 yen.** オールダーイズ　スリーハンドゥレッドイエン
独特のにおいが しますね。	**It smells unique.** イッツスメウズ　ユニーク
この先にライオンの 檻があります。	**There is a lion's cage ahead.** ゼアリズアライアンズケイジ　アヘッドゥ
ホッキョクグマの豪快な ジャンプを見ましょう。	**Let's see the jumping polar bear.** レッツスィーザジャンピングポーラーベアー
ウサギのえさやり 体験ができます。	**You can feed the rabbits.** ユーキャァンフィード　ザゥラビッツ
あなたの国にも カピバラはいますか？	**Are there capybaras in your country?** アーゼアカピバラズ　インユアカントゥリィ？
はい。 動物園にいますよ。	**Yes. They are in the zoo.** イエス　ゼイアー　インザズー
あそこのベンチに 座りましょう。	**Let's sit over there on the bench.** レッツスィットオウヴァーゼアー　オンザベンチ
マンタを見ませんか？	**Did you see the manta ray?** ディッジュースィザマンタレイ

この水族館ではヒトデに触れます。	**You can touch starfish in this aquarium.** ユーキャァンタッチスターフィッシュ　インディスアクアリウム
こちらの水槽にはクラゲが展示されています。	**Here is the jellyfish display.** ヒィィアイズザ　ジェリフィッシュディスプレイ
14：00からイルカショーがあります。	**There's a dolphin show at 2:00 p.m.** ゼアリズア　ドゥフィンショウ　アットトゥピーエム
ナイトサファリはトラムで移動します。	**We move by tram in the night safari.** ウィームーヴバイトラム　インザナイトサファリ

動物や魚を表す単語

ゾウ	**elephant** エレファント	シマウマ	**zebra** ジブラ
ヒョウ	**leopard** レオパード	ヤギ	**goat** ゴオト
ヒツジ	**sheep** シープ	カバ	**hippopotamus** ヒポポタマス
サイ	**rhinoceros** ライナセラス	リス	**squirrel** スクォール
レッサーパンダ	**red panda** レッドパンダ	アライグマ	**raccoon** ラクーン
クジャク	**peacock** ピーコック	フクロウ	**owl** アウゥ
ダチョウ	**ostrich** オーストリッチ	アシカ	**sea lion** シーライオン
シャチ	**orca** オゥカ	オットセイ	**seal** シイォ
セイウチ	**walrus** ウォーゥラァス	ナマコ	**sea cucumber** シィー　キュゥーカァンバァ
マンボウ	**sunfish** サンフィッシュ	ジンベエザメ	**whale shark** ホエォシャーク

美術館・博物館

今話題の展覧会が美術館であります。

The exhibit is now in the museum.
ザエクスビットイズナエアウ　インザミューズィアム

会期は３月４日から６月15日までです。

This exhibit is from March 4th to June 15th.
ディスエクスビットイズフローム　マーチフォウス　トゥ　ジュンフィフティーンス

月曜は休館です。

On Mondays, they are closed.
オンマンデイズ　ゼイアークロウズドゥ

三鷹の森ジブリ美術館に行くには事前の予約が必要です。

You need to buy tickets ahead of time
ユーニードトゥバイティケッツ　アヘッドオブタイム
for Ghibli Museum Mitaka.
フォジブリミューズィアムミタカ

コインロッカーを使いますか？

They have lockers if you need them.
ゼイハヴロッカーズ　イフユーニードゥゼム
▶ Do you want to store your things? で「荷物を預けたいですか？」と言うこともできます。

順路はこちらです。

The route is here.
ザルートイズヒィィア

ここから先は立ち入り禁止です。

We can't go any further than here.
ウィーキャントゴー　エニファーザーザンヒィィア
▶ further は「さらに進んで」「もっと先に」といった意味です。

この仏像は国の重要文化財です。

This statue of Buddha is
ディススタチュオブブッダ　イズ
an important cultural property.
アンインポータントカルチュラウプロパティ

これは武士の実物大の模型だそうです。

This seems to be a full-scale
ディスシームストゥビーア　フルスケイオ
samurai model.
サムライモデォ

❗ この博物館の展示物には触らないでください。

Do not touch the exhibits
ドゥナッタッチザエキシビッツ
in the museum.
インザミューズィアム

❗ 撮影禁止です。

No photos allowed.
ノーフォトズアラウド

フラッシュ撮影は 禁止ですよ。	**No flash photography.** ノーフラッシュフォトグラフィ
この美術品はとても 緻密で精巧ですね。	**The artwork is detailed and** ズィアートワークイズディーテイルドゥ　エンド **has a complicated design.** ハッザ　コンプリケイティッドデザイン
すごく美しい絵だと 思います。	**That picture is really beautiful.** ザットピクチャーイズ　ウリィアウリィビィユウティフゥ
この工芸品は 前衛的ですね。	**This is a new craft.** ディスイズア　ニュークラフト
写真かと思いました。	**I thought it was a photograph.** アイソウト　イットワッザフォトグラフ
ミュージアムショップ に寄っても いいですか？	**May I go in the museum shop?** メイアイゴー　インザミューズィアムショップ
少し休みませんか？	**Can we rest a bit?** キャンウィーレスト　アビット
再入場はできません。	**Once you leave, you can't go back in.** ワンスユーリーヴ　ユーキィャントゴーバックイン ▶直訳すると「一度出たら、戻ることはできません」です。

美術館・博物館に関する単語

油彩画	**oil painting** オイォ　ペインティング	水彩画	**watercolor** ワラーカラー
水墨画	**ink painting** インク　ペインティング	版画	**print/etching/lithograph** プリント／エッチング／リトグラフ
彫像	**statue** スタチュー	陶器	**pottery** ポタリィー
標本	**specimen** スペシメン	剥製	**stuffing animal** スタッフィングエニマル

映画や舞台を鑑賞する

話題のミュージカル映画はもう観ましたか？
Have you seen this musical movie already?
ハヴユースィンディスミューズィカォ ムーヴィー オールレディー

14：45からの回があります。
It starts at 14:45.
イッツスターツ アッフォウティーンフォウティーファイブ

まだ観てないです。
Not yet.
ノット イエット

それにしましょう。チケット売り場はあそこですね。
Let's get our tickets over there.
レッツゲットゥ アワティケッツ オウヴァーゼアー

後ろのほうの席でいいですか？
Is it okay for you to sit in the back?
イズイッオウケィ フォゥユウトゥ スィット インザバック

もちろんです。パンフレットとソーダを買ってきますね。
Of course. I'll buy a brochure and soda.
オフコース アイォバイアブロゥシュア エンドゥ ソーダ

❗ 映画を観に いきませんか？	**Want to watch a movie?** ウォントゥウォッチアムーヴィー
観たい映画は ありますか？	**What do you want to watch?** ホワットドゥユーウォントゥウォッチ
今は何が やってますか？	**What is being shown?** ホワットイズビーインショウン
❗ どんなジャンルの 映画が好きですか？	**What type of movies do you like?** ホワットタイプオブムーヴィーズ　ドゥユゥライク ▶ What movie are you interested in? と言うこともできます。
ラブコメが好きです。	**I like chick flicks.** アイライク　チックフリックス ▶ chick flick はおもに女性客をターゲットにした恋愛コメディ映画を指します。
最近観て おもしろかった 映画はありますか？	**What have you watched recently?** ホワットハヴユーウォッチトゥ　リースントゥリ
好きな俳優は いますか？	**Who's your favorite actor?** フーズユアフェバリットゥアクター
映画館で観るのは だいたいアクション 映画です。	**It is mostly action movies that** イッティーズモウストゥリィアクションムーヴィーズ　ザット **I watch in a movie theater.** アイウォッチインアムーヴィースィアター
アニメ映画も よく観ます。	**I watch a lot of animated movies.** アイウォッチ　アロットブアニメイティッドムーヴィーズ
私は宮崎監督の作品が 好きです。	**I like the work of Mr. Miyazaki,** アイライクザワークオブ　ミスターミヤザキ **the director.** ザディレクター
割引券があります。	**I have discounted tickets.** アイハヴディスカウンティドゥティケッツ
３Ｄで観ますか？	**Do you like to watch this movie in 3D?** ドゥーユーライクトゥウォッチディスムーヴィーインスリーディー

体感型にしてみますか？	**Would you like to experience it?** ウッジューライクトゥ　エクスペリアエンスイットゥ
追加で 1000 円かかります。	**It's an extra 1,000 yen.** イッツアンエクストラ　ワンスサウザンドイエン
オンラインで予約ができますよ。	**Online reservations can be made.** オンラインゥリザヴェイションズ　キャンビーメイドゥ
全席指定です。	**All the seats are taken.** オールザスィーツアー　テイクン
前のほうがいいです。	**The front is better.** ザフロントイズ　ベタァ
通路側の座席しか空いていません。	**They only have aisle seats.** ゼイオンリハヴ　アイォシーツ ▶ aisle は「通路」という意味です。
上映時間は 119 分だそうです。	**The movie is 119 minutes.** ザムーヴィーズ　ワンハンドゥレッドナインティーンメネッツ
予告編が長いかもしれません。	**The trailers are long.** ザトレイラーズアー　ロング
半券をなくさないでくださいね。	**Don't lose your ticket stub.** ドントゥルーズユアティケットスタブ ▶ stub は「控え」「半券」の意味です。
半券があれば、売店へ行っても再入場できます。	**You can go to the snack stand and** ユーキャンゴートゥザスナックスタンド　エンドゥ **get back in with your ticket stub.** ゲットバックイン　ウィズユアティケットスタブ
お腹は空いてますか？	**Want to grab something to eat?** ウォントゥグラブ　サムスイングトゥイーツ ▶ grab は「ひっ捕らえる」という意味があり、「食事にありつく」といったニュアンスになります。
これは次回作のポスターですね。	**This is the next movie's poster.** ディスイズザ　ネクストムーヴィーポスター

❗ 携帯の電源は切ってくださいね。	**Please silence your phone.** プリーズサイレンス　ユアフォン ▶ Please set your phone to silence or turn off. という言い方もあります。
舞台を観るのは初めてです。	**This is the first time** ディスイズザファーストタイム **that I have watched a play.** ザッアイハヴウォッチトアプレイ
この舞台の原作の本は読みました。	**I read the original of this play.** アイレッドジオリジナル　オブディスプレイ
この舞台の映画版を観たことがあります。	**I have watched the screen version** アイハヴウォッチト　ザスクリーンバージョン **of this play.** オブディスプレイ
私の国でも人気のプログラムです。	**This program is popular in my country.** ディスプログラムイズポピュラー　インマイカントリィ
このミュージカルはトニー賞の作品賞を受賞しています。	**This musical won Best Musical** ディスミューズィカオウォン　ベストミューズィカオ **in the Tony Awards.** インザトニーアワーズ
あの俳優のファンなんです。	**I am a fan of that actor.** アイアムアファン　オブザットアクター
とても感動しました。	**It impressed me a lot.** イッツインプレッスドミ　アロット
思ったより楽しめました。	**It was better than I thought.** イットワズベターザン　アイソウト
今までのシリーズのなかでは最高です。	**Best of the series so far.** ベストオブザスィリーズ　ソーファー
もう１度観たいくらいです。	**I'll watch it again.** アイォウォッチイットアゲイン
すごく迫力がありました。	**It made a great impact.** イットメイダ　グゥレイッインパクト

観ていてスカッとしました！

It was an amazing story.
イットワズアンアメイジングストーリィ

音楽がよかったですね。

I loved the music in the play.
アイラブ　ザミュージック インザプレイ

ヒロインのことが大好きになりました。

The heroine is my favorite.
ザ　ヘロウインイズ　マイフェイバリットゥ

結末がもやもやしました。

The ending was not what I expected.
ズィエンディングワズノット　ホワットアイエクスペクティッドゥ
▶ The ending was hazy. と言うこともできます。hazy は「もやのかかった」という意味です。

期待はずれでした。

How disappointing.
ハウ　ディサポインティング
▶ disappointing は「がっかりする」です。

私には難しかったです。

It was hard for me to understand.
イットゥワズ　ハード　フォミー　トゥ　アンダスタンド

スポーツ観戦

❗ 野球に興味はありますか？

Do you like baseball?
ドゥユーライク　ベイスボール

観てみたいと思っていました。

I wanted to watch that game.
アイウォンティッドトゥウォッチ　ザットゲイム

チケットを取りますね。

I'll take a ticket.
アイォテイカティケット

内野席でいいですか？

May I get an infield seat?
メイアイゲットアンインフィールドスイート

観やすい席がいいですね。

Any seat with a nice view is fine.
エニスィトウィズアナイスヴュウ　イズファイン

チケット代は 4000円です。	**The ticket is 4,000 yen.** ザ　ティケットイズ　フォウサウザンドイエン
8月11日の 18：30からです。	**The August 11th game starts at 18:30.** ズィ　オウガストゥイレヴンスゲイム　スターツアット エイティーンサーティ
8月10日分は 売り切れです。	**The August 10th game is sold out.** ズィ　オウガストテンスゲイムイズ　ソォウルダウト
ジャイアンツ対 タイガースの試合です。	**It's the Giants against the Tigers.** イッツザ　ジャイアンッ　アゲインストゥ　ザ　タイガーズ
雨天中止だそうです。	**It got rained out.** イットゥガット　レインドアウト
❗ 楽しみです。	**Can't wait to watch it.** キャントウェイトゥ　ウォッチイット ▶直訳すると「待ちきれない」の意味です。
Dゲートから入ります。	**The entrance is at Gate D.** ズィ　エントランスイズ　アットゲイトディー
グッズ売り場を 見ますか？	**Did you check out the souvenirs?** ディッジューチェッカウト　ザ　スーベニーアズ
席はこっちです。	**Here's the seat.** ヒィィアズ　ザ　スイート
グラウンドが 近いですね。	**We're close to the ground level.** ウィアクローストゥ　ザ　グラウンドレベル
隣の人との距離が 近いですね。	**The seats are close to each other.** ザスィーツアークロース　トゥイーチアザー
彼は若い女性にとても 人気のある選手です。	**He's a very popular player** ヒーズア　ヴィエリィポピュラープレイヤー **among young women.** アマングヤングウィメン

彼のホームランは芸術的と言われています。	**His home run is said to be artistic.** ヒズホームランイズ　セットゥビーアーティスティック
彼はとても足が速いです。	**He is very fast.** ヒーイズ　ヴィエリィファスト
彼はとてもいいピッチャーです。	**The pitcher is pretty good.** ザ　ピッチャーイズ　プリティグッ
❗ 彼のプレーは華麗なんですよ。	**His play is brilliant.** ヒズプレイイズ　ブリリアントゥ
どちらを応援していますか？	**Who are you supporting?** フーアーユーサポーティング ▶ものではなく人を応援するため、which ではなく who を使うほうが自然です。
ビールを飲みますか？	**Drink beer?** ドゥリンクビアー
何か買ってくるので、試合を観ていてください。	**I'm gonna go get something,** アイムゴナゴゥゲッサムスィング **so stay here.** ソゥスティヒア
ポテトフライをどうぞ。	**Would you like have french fries.** ウッジューライクハヴ　フレンチフライズ
今、どっちが勝っていますか？	**Who is winning now?** フーイズウィニング　ナアウ
さっき、４番がホームランを打ちました。	**The 4th batter hit a home run.** ザフォースバッター　ヒッアホームラン
❗ 試合が均衡していますね。	**The game is pretty even.** ザゲイムイズ　プリティイーブン
思いのほか、大差がつきましたね。	**There was a big difference.** ゼアワズア　ビッグディファレンス

試合が終わるまでは わかりませんよ。	**Until the match is over, we don't know.** アンティォザマッチイズオウヴァ　ウィードンノウ
外野席はすごい 盛り上がりですね。	**The seats in the outfield are** ザ　スィーツインズィアウトフィールド　アー **the most exciting.** ザ　モウストゥエクサイティング
惜しかったですね。	**It was close.** イッワズ　クロウス
❗ しびれる展開 でしたね！	**What an exciting ending!** ホワットアン　エクサイティングエンディング
最後までドキドキ しました。	**That was a great game!** ザットワザ　グゥレイッゲイム

スポーツを表す単語

サッカー	**soccer**(米)/**football**(英) サッカー／フッボール	ラグビー	**rugby** ラグビー
バスケット ボール	**basketball** バスキットボール	バレーボール	**volleyball** バリィボール
陸上競技	**track and field** トゥラックエンドフィーウドゥ	競泳	**swimming** スゥィミング
飛込	**diving** ダイビング	テニス	**tennis** テニス
体操	**gymnastics** ジムナスティックス	新体操	**rhythmic gymnastics** リズミック　ジムナスティックス
自転車競技	**cycling** サイクリング	馬術	**equestrian games** イクエストリアン　ゲイムズ
ボート	**rowing** ロウイング	近代五種	**modern pentathlon** モダン　ペンタスロン
射撃	**shooting** シューティング	フィギュア スケート	**figure skating** フィギュァ　スケイティング
卓球	**ping pong** ピンポン	競馬	**horse racing** ホース レイスィング

アメリカのスポーツ観戦事情

アメリカでもっとも人気のあるスポーツはアメリカンフットボールと言われています。1960年に誕生したアメリカン・フットボールですが、現在、NFC（ナショナル・フットボール・カンファレンス）の代表チームとAFC（アメリカン・フットボール・カンファレンス）の代表チームが、一年に一回対戦する日があります。日本のプロ野球における日本シリーズのようなもの、と言うとわかりやすいかもしれません。この、年に一回の対戦はスーパーボウルと呼ばれ、一日あたりの収益ではサッカーのワールドカップやオリンピックをしのぐとも言われるほどの超人気のゲームです。アメリカにおけるオリンピックのテレビ放映の平均視聴率が、2012年のロンドン五輪は17.5%、2016年のリオ五輪は14.9%だったのに対し、スーパーボウルはテレビ視聴率40%前後、約1億人もの人が観戦しているのです。以前はどうしても勝てなかったペイトリオッツというチームが2002年からはスーパーボウルの常連になっており、現在は人気チームになりました。こうしたこともあって、近年、ますます盛り上がっています。

ハーフタイムショーも有名で、かつてはマドンナやマイケル・ジャクソンなどのスーパースターが登場したこともありました。しかしながら、ハーフタイムはトイレタイムでもあり、全米中で同時にトイレが使われるために、水道管が破裂したこともあるそうです。

日本に駐在している大使館職員や兵士もスーパーボウルを楽しみにしていて、「明日はスーパーボウルだから一緒に観よう。夜中の3時集合ね！」ということもめずらしくありません。

PART 7

道案内・交通機関

道案内をする

動物園行きのバス停はどこかご存知ですか？

Which bus stop is for the zoo?

フィッチバスストップ　イズフォーザズー

ええ。あの信号を右に曲がって、
しばらく進んだ突き当たりに見えますよ。

Yes. At the traffic light, turn right

イエス　アットザトラフィックライト　ターンライト

and you'll see it at the end.

エンド　ユゥルスィィイットアットズィエンドゥ

公共交通機関の経路情報や利用方法を入手しづらいと感じる外国人観光客が多いようです。道を尋ねる表現はいくつもバリエーションがあるので、覚えておくと便利です。

A バリエーション

札幌ドームへの道を教えていただけませんか？	**How do I get to Sapporo Dome?** ハウドゥアイゲットゥ　サッポロドウム
競技場はこの近くですか？	**Is the stadium nearby?** イズザステイディアム　ニアバイ
池袋への行き方を教えてください。	**Can you tell me how to get to Ikebukuro?** キャンユーテルミー　ハウトゥゲット　イケブクロ
忍者カフェがどこにあるかご存知ですか？	**Do you know where the ninja café is?** ドゥユゥノゥ ウウエェァ　ザニンジャカフェイズ
京都タワーはどれですか？	**Which one is Kyoto Tower?** フィッチワンイズ　キヨトタウワァアー
清水寺へは歩いて行けますか？	**Is Kiyomizudera within walking distance?** イズキヨミズデラウィズイン　ウォーキングディスタンス

その他のフレーズ

ここから遠いですか？	**Is the place far from here?** イズザプレイス　ファーフロムヒィィア
ここからだと徒歩で10分ほどです。	**It's a 10-minute walk from here.** イッツァテンメネッッウォーク　フロムヒィィア
歩くと遠いですよ。	**It's too far to walk.** イッツトゥファー　トゥウォーク
タクシーを使ったほうがいいと思います。	**You should take a taxi.** ユーシュッドテイカ　タクスィ

❗交差点を左です。	**Turn left at the intersection.** ターンレフト　アットザインターセクション
右に進み、 1 つ目の角を左です。	**Go right and turn left** ゴウライト　エンド　ターンレフト **at the first corner.** アットザファーストコーナー
右手に自動販売機が 見えるので、 その向かいの建物です。	**When you see the vending machine** ウウェンユースィィザヴェンディングマスィイン **on the right, it's the building across from it.** オンザライト　イッツザビォディング　アクロスフローミットゥ
明治通りに出たら、 右に曲がって 1 つめの 信号を向かい側に 渡ってください。	**When you get to Meiji Street, take a right,** ウウェンユーゲットゥメイジストゥリートゥ　テイカライトゥ **go to the first set of lights, and cross the street.** ゴートゥザファーストセットオブライツ　エンド　クロスザストゥリートゥ
この坂を上って 左に曲がると 正面に見えます。	**At the top of the hill, turn left,** アットザトッポブザヒォ ターンレフト **and you'll see it in the front.** エンユゥォスィイットゥ　インザフラント
すぐわかると 思いますよ。	**You'll figure it out.** ユゥォ　フィギュアイットアウト ▶ figure ～ out は「理解する」「わかる」という意味があります。
あそこに見えるのが 東京タワーです。	**You can see Tokyo Tower over there.** ユーキャンスィィトキョータゥワアー　オウヴァーゼア
案内しましょうか？	**Would you like me to show you?** ウッジューライクミートゥ　ショウユー ▶ Shall I take you there? は、「連れて行きましょうか？」と、より直接的な表現になります。
❗ごめんなさい、 この辺のことよく 知らないんです。	**I'm not familiar with this place, sorry.** アインムノットファミリア　ウィズディスプレイス　ソウォリー ▶ familiar は「なじみがある」という意味です。
初めて来たところ なんです。	**This is my first visit.** ディスイズマイファーストヴィズイットゥ
今調べるので、 ちょっと待って くださいね。	**I will check now, so please wait a moment.** アイウィォチェックナアウ　ソウ　ブリーズウェイタモウメントゥ
あそこの観光案内所で 聞いてみてください。	**Ask the tourist information over there.** アスクザトゥーリストゥインフォメイション　オウヴァーゼア

海外で道を尋ねる

空港リムジンバス乗り場はどこですか？	**Where's the airport limousine bus?** フエァズィ　エアポートリマズィーンバス
チケットはどこで買えばいいですか？	**Where can I buy tickets?** ウエァ　キャナイバイティケッ
バスは何時に出ますか？	**What time does the bus leave?** ワッタィム　ダッザバスリーヴ
ココレンタカーのオフィスはどこにありますか？	**Where's the office** フエァズィオフィス **for Coco rental cars?** フォーココレンタッカーズ
ここから一番近いトイレはどこですか？	**Where's the nearest restroom?** フエァザ　ニァレスレストルーム
喫煙所はありますか？	**Is there a place I can smoke?** イッゼァラプレイス　アイキャンスモゥ
市内の地図をください。	**I'd like a map of the city.** アイドライカマァプ　オブダシリィ
この住所までお願いします。	**Could you take me to this address?** クッデューテイクミー　トゥディスアドレス
このバスは美術館へ行きますか？	**Does this bus go to the museum?** ダッディスバス　ゴウトゥダミュージアン
この近くにショッピングモールはありますか？	**Is there a mall near here?** イッゼァラモール　ニァヒァ
そこへはどうやって行けばいいですか？	**Could you tell me how to get there?** クッデューテルミー　ハウトゥゲッデァ

交通機関を利用する

切符はどうやって買えばいいですか？
How can I purchase a ticket?
ハウキャナイパーチャサ　ティケッ

どこまで行きたいのですか？
Where do you want to go?
ウウエェァ　ドゥユーウォントゥゴー

高尾山です。
I want to go to Mt. Takao.
アイウォントゥゴートゥ　マウントタカオ

390円入れてください。
Please put in 390 yen.
プリーズプットイン　スリーハンドゥレッドナインティーイェン

電車

子どもは半額です。	**Kids are half price.** キッズアー　ハーフプライス
チャージしてください。	**You need to add more money** ユーニートゥアッドモーマニ **on your card.** オンユァカード
乗り換えは隣のホームです。	**Go across to transfer.** ゴゥアクロス　トゥトランスファー
3 番線に行ってください。	**Please go to platform no. 3.** プリーズゴゥトゥプラットフォームナンバースリー
横浜駅までは何分ぐらいかかりますか？	**How long does it take to reach** ハウロングダズィットテイクトゥリーチ **Yokohama Station?** ヨコハマステイション
40 分くらいです。	**About 40 minutes.** アバウト　フォゥティメネッツ
九段下駅はいくつ目ですか？	**How many stops before Kudanshita?** ハウメニースタップス　ビフォア　クダンシタ
新宿から 4 つ目です。	**It's the 4th stop from Shinjuku.** イッツザフォーススタップ　フロムシンジュク
ここはオースティンです。	**You are in Austin.** ユーアーインオースティン
ユニオン駅には停まりますか？	**Does it stop at Union?** ダズイットゥスタップ　アットユゥニアン
ユニオン駅には停まりません。	**The train doesn't stop at Union.** ザトゥレインダズントスタップ　アットユゥニアン

下北沢は通り過ぎました。	**We passed Shimokitazawa.** ウィパストゥシモキタザワ
A 3 出口を出てください。	**Please use exit A3.** プリーズユーズ　イグジットゥエースリー
ここは出口ではありません。乗り換え口です。	**This is not an exit.** ディスィズノッタンイグジッ **It is a transfer gate only.** イッイズァトランスファーゲイト　オンリィ
この電車は特急料金はかかりません。	**You don't need an extra limited** ユウドンニーッ　アンエクストラリミティッド **express fee to ride this train.** エクスプレスフィー　トゥライドディストゥレイン
2、3 分で来ますよ。	**It's coming in a few minutes.** イッツカミング　インナフィウメネッツ
この切符は1 日乗り降り自由です。	**For one day, this ticket allows** フォワンデイ　ディスティケット　アロウズ **you to hop on and off.** ユートゥホップオンエンドオフ
しばらく停車するそうです。	**It seems to have stopped for a while.** イットゥスィイムストゥハウスタップトゥ　フォァワイル
❗ 乗り過ごしてしまいました。	**I missed my stop.** アイミストゥマイスタップ
切符をなくしてしまいました。	**I lost my ticket.** アイロスト　マイティケット
切符は 2 枚重ねて入れてください。	**Make sure to put your two tickets** メイクシュア　トゥプッチュアトゥーティケッツ **together.** トゥゲザー
車内に忘れ物をしてしまいました。	**I forgot something on the train.** アイフォアガットゥサムスィング　オンザトゥレイン
駅に問い合わせてみましょう。	**Let's call the train station.** レッツコール　ザトゥレインステイション

座席の指定ができます。	**You can choose your seat.** ユーキャン　チューズユアスィート
満席だそうです。	**It's full.** イッツフル
駅弁は駅で販売されるお弁当です。	**Ekiben is a Japanese lunchbox sold at train stations.** エキベンイズ　アジャパニーズランチボックス ソウルドアットゥレインステイションズ

電車に関する単語

新幹線	**bullet train** ブレット　トゥレイン	終電	**last train** ラストトゥレイン
指定席	**reserved seat** リザーブドゥスィートゥ	終点	**last stop** ラストスタップ
自由席	**unreserved seat** アンリザーブドゥスィートゥ	片道	**one-way** ワンウェイ
グリーン車	**first-class car** ファーストクラスカー	運転手	**driver** ドゥライヴァー
禁煙車	**non-somking car** ノンスモゥキンカー	停電	**power outage** パワーアウティッジ
快速列車	**rapid train** ラピッドゥ　トゥレイン	満員	**no seats available** ノースィーツ　アベイラボ
普通列車	**local train** ローカォ　トゥレイン	時刻表	**timetable** タイムテイボォ
回送電車	**deadhead train** デッドゥヘッドゥトゥレイン	駅弁	**Ekiben** ※ エキベン
始発列車	**first scheduled train** ファーストスケジュル　トゥレイン	信号機故障	**signal outage** シグナル　アウティージ
券売機	**ticket dispenser** ティケットディスペンサー	優先席	**priority seating** プライオリティ　スィーティング
往復	**round-trip** ラウンドトリップ	待合室	**waiting room** ウェイティンルーム
乗客	**passenger** パッセンジャー	モノレール	**monorail** モノレイル

※ Ekiben : a Japanese lunchbox sold at train stations

今の電車に乗りたかったんです。
I just missed my train.
アイジャストミストゥ　マイトゥレイン

次の電車はいつ来ますか？
When's the next train?
ゥエン　ザ　ネクストゥレイン

次の電車まで少し時間がありますね。
There's still some time
ゼアリズ　スティォ　サムタイム
before the next train comes.
ビフォザ　ネクストゥ　トゥレイン　カムズ

間に合いますか？
Are we going to make it on time?
アーウィゴウインメイキット　オンタイム

たぶん（ギリギリかも）。
Maybe.
メイビィ

バス

ニューヨーク行きのバスは何番乗り場ですか？	**What number is the bus stop to New York?** ホワットナンバーイズザバススタップ トゥヌーヨーク
セントラルパークへ行くバスはどこから乗れますか？	**Where's the bus to Central Park.** ウウエェアズ ザバス トゥセントラルパーク
15 分おきにバスが出ているようです。	**That bus runs every 15 minutes.** ザットゥバスランズ エブリフィフティーンメネッツ
バスが行ってしまったばかりのようです。	**The bus just left.** ザバス ジャストレフトゥ
次のバスは30 分後です。	**The next bus is in 30 minutes.** ザネクストバスイズ インサーティーメネッツ
最終のバスは行ってしまいました。	**We missed the last bus.** ウィーミッスドゥ ザラストバス
並んで待ちましょう。	**We need to wait in this line.** ウィーニードトゥウェイト インディスライン
このバスは先払いです。	**You must pay before you ride this bus.** ユーマストペイ ビフォゥアユーライドディスバス
次、降りてください。	**Get off at the next stop.** ゲットゥオフ アットザネクストスタップ
降りるときはボタンを押してください。	**Press the button to get off the bus.** プレスザバトゥン トゥゲットオフザバス
小銭がありません。	**I have no small change.** アイハヴノー スモーォチェインジ

ここで両替できますよ。	**You can change your money here.** ユーキャンチェインジユァマニィヒア
バスが止まったら、 両替してきてください。	**Please get change** プリーズゲッチェンジ **while the bus is stopped.** ワイルザバスィズスタップドゥ
あなたの分も払って おきますね。	**I will pay for your fare.** アイウィルペイフォアユアフェア
このバスは空港に 直行します。	**This bus takes you straight to the** ディスバステイクスユーストレイトゥ　トゥズィ **airport.** エアポート
このバスは京都経由の 大阪行きです。	**This bus goes to Kyoto and then** ディスバスゴウズトゥ　キョート　エンドゥゼン **to Osaka.** トゥオーサカ
予約が必要だそうです。	**You need to make a reservation.** ユウニードトゥメイカ　リザヴェイション
予約を変更しても いいですか？	**Can we change our reservation?** キャンウィチェインジ　アワリザヴェイション
キャンセル料が かかるそうです。	**There is a cancellation fee.** ゼアリズア　キャンセレイションフィー

バスに関する単語

整理券	**numbered ticket** ナンバードゥティケット	運賃	**fare** フェア
後払い	**pay after** ペイアフター	深夜バス	**midnight bus** ミッナイバス
高速バス	**express bus** エクスプレスバス	路線バス	**fixed route bus** フィクスドゥルートバス

タクシー

タクシー乗り場はどこですか？	**Where's the taxi stand?** フエアズザ　タクシィスタンド
タクシーをつかまえてくれますか？	**Can you get a taxi for me?** キャンユーゲットアタクシィ　フォーミィ
タクシーアプリを使いましょう。	**Use the taxi app.** ユーズザタクシィアップ
空港までお願いします。	**Could you take me to the airport,** クッデューテイクミー　トゥズィエアポート **please?** プリーズ
時間はどのぐらいかかりますか？	**How long does it take?** ハゥロング　ダッズィッテイク
料金はどのぐらいですか？	**How much will it cost?** ハゥマッチ　ウィリットコゥスト
少し急いでもらえますか？	**Can you hurry, please?** キャンニューハリィ　プリーズ
領収書をください。	**May I have a receipt, please?** メィアイハヴァリスィートゥ　プリーズ
おつりはけっこうです。	**Keep the change.** キープダチェィンジ
❗トランクを開けてもらえますか？	**Can you open the trunk?** キャンユゥ　オープンザトゥランク
シートベルトを締めてくださいね。	**Please fasten your seat belt.** プリーズファスンニュア　シートベォト

ドライブ

レンタカーで 出かけましょう。	**Let's rent a car and go somewhere.** レッツレントアカー　エンゴーサムフェア
この会社のレンタカーは 乗り捨てが できるそうです。	**We can drop off this rental car.** ウィキャンドゥロップオフ ディスレンタルカー
一緒に車の確認を してもらえますか？	**Can you inspect the car with me?** キャンニューインスペクトザカー　ウィズミー
音楽を聴きますか？	**Would you like to listen to music?** ウッジューライクトゥリッスントゥミューズィック
ラジオをつけて もらえますか？	**Can you turn on the radio?** キャンユーターンオン　ザレイディオ
この先で事故が あったみたいです。	**There was an accident ahead.** ゼアワズアンアクシデントゥ　アヘッドゥ
休憩しても いいですか？	**Can we take a quick break?** キャンウィ　テイカ　クイックブレイク
トイレは大丈夫 ですか？	**Do you want to go to the restroom?** ドゥユウウォントゥゴートゥ　ザレストルーム
❗ ガソリンスタンドが あったら 教えてください。	**Please let me know if there is a gas station.** プリーズレッミーノウ　イフゼアリズ　アガステイション
後ろを見ていて もらえますか？	**Can you check the back?** キャンニューチェック　ザバック
降りる出口を まちがえました。	**I took the wrong exit.** アイトゥックザロングエグズイットゥ

よく運転しますか？	**Do you drive often?** ドゥーユー　ドゥライヴオーフン
免許は持っていますか？	**Do you have a driver's license?** ドゥユゥハヴァ　ドゥライヴァーズライセンス
ペーパードライバーなんです。	**I don't drive very often.** アイドンドゥライヴ　ヴィェリィオーフン
車酔いしやすいんです。	**I get car sick easily.** アイゲッカーシックイーズィリー
地図が苦手で……。	**I don't know how to read a map.** アイドンノゥ　ハウトゥリードゥアマップ
この車は何人乗りですか？	**How many people can ride in this car?** ハゥメニィピーポゥ　キャアンライディンディスカー
この道は一方通行です。	**This is a one-way street.** ディッスイッズァ　ワンウェィストゥリートゥ
この先は渋滞です。	**There is a traffic jam.** デァリッザ　トラフィックジャム
ここに駐車しても大丈夫ですか？	**Can I park here?** キャンナィパークヒァ

ドライブに関する単語

駐車場	**parking** パーキング	渋滞	**traffic jam** トゥラフィックジャム
高速道路	**freeway** フリーウェイ	有料道路	**toll road** トウルロウドゥ
サービスエリア	**gas and food station** ガス　エンド　フードゥ　ステイション	料金所	**tollgate** トゥルゲイト

9：25の飛行機です。	**My flight departs at 9:25.** マイフライトディパーツ　アットナイントゥエンティーファイブ
荷物を預けてきますね。	**I'm checking my luggage.** アイムチェッキング　マイラッゲイジ
フライトまであと 50分ありますね。	**We have 50 minutes** ウィーハヴフィフティメネッツ **before we take off.** ビフォゥァウィーテイコフ
そろそろ搭乗口へ 向かいましょうか。	**We need to move to the boarding gate soon.** ウィーニードトゥムーブ　トゥザボーディングゲイト　スーン ▶直訳すると「私たちはすぐに搭乗口へ移動する必要がある」となります。
保安検査で ひっかかって しまいました。	**I was stopped at security.** アイ　ウォズスタップド　アット　スィキュリティ
飛行機が遅れて いるそうです。	**The plane is delayed.** ザプレインイズ　ディレイドゥ
❗着いたら起こして もらえますか？	**Wake me up when we get there.** ウェクミーアップ　ウウェンウィーゲットゼア
荷物をとってきますね。	**I will pick up my luggage.** アイォピッカプ　マイラッゲイジ
モノレールに 乗りましょう。	**Let's take the monorail.** レッツテイクザ　モノレイオ
今日は欠航だそうです。	**It's cancelled today.** イッツキャンソォドゥ　トゥデイ
払い戻しをして もらいましょう。	**Let's get a refund.** レッツゲッア　リィファンドゥ

PART 8

訪問・宿泊

家に招く・訪問する

A

よかったら今度家に来ませんか？

Would you like to come
ウッジューライクトゥカム
over to my house?
オーヴァートゥマイハウス

ぜひ！ 食べものや飲みものを持っていきましょうか？

Yes! Would you like me to
イェス　ウッジューライクミートゥ
bring food and drinks?
ブリングフード　エンド　ドゥリンクス

B

手ぶらで来てくださいね。

Please don't
プリーズドント
bring anything.
ブリング　エニスィング

C

わかりました。住所を教えてください。

All right, please tell me
オールライッ　プリーズテルミー
your address.
ユアアドレス

Ⓐ バリエーション

今度の土曜日、うちで食事をしませんか？	**Would you like to come over** ウゥジュゥライクトゥカムオゥヴァ **for dinner next Saturday?** フォゥディナー　ネクストサラデイ
来週の日曜、我が家でホームパーティーをするんですよ。	**I'm having a party** アイムハヴィンガパーティ **at my house next Sunday.** アッマイハウス　ネクストサンデイ
新居に引っ越したので、遊びにきてください。	**I'd like to invite you** アイドゥライクトゥインヴァイトユゥ **over to my new house.** オゥヴァトゥマイヌーハウス

Ⓑ バリエーション

一人一品ずつの持ち寄りなんですけど、大丈夫ですか？	**Would you mind bringing a dish?** ウッジュゥマインド　ブリンギンァディッシュ
自分が飲みたいものだけ持ってきてください。	**Please bring your own drink.** プリーズブリンク　ユアオウンドゥリンク

Ⓒ バリエーション

お住まいはどちらですか？	**Where do you live?** ウウエェァドゥユウリヴ
最寄の駅はどこですか？	**Where is the nearest station?** ウウエェァイズ　ザニアレストステイション

その他のフレーズ

12時に待ってますね。	**I'll see you at 12:00.** アイォスィーユウ　アットトゥウェルヴ
来られる時間に来てください。	**Please come anytime.** プリーズカム　エニタイム
駅に着いたら連絡してください。	**Please contact me when you arrive** プリーズコンタクトミー　ウウェンユウアライブ **at the station.** アットザステイション

家に招き入れる・あがる

お邪魔します。	**Good evening.** グッドイヴニング ▶ホームパーティーは夜に行われることが多いです。昼ならHello. でよいでしょう。
ようこそ。	**Welcome.** ウェォカム
よく来ましたね。	**I'm glad you're here.** アインムグラッジュアヒィィア
来てくれて ありがとうございます。	**Thank you for coming.** スエンキュウフォー カミング
お待ちしていました。	**I'm so glad you came.** アインムソウグラッジューケイム
誘ってくれて うれしいです。	**I'm glad you invited me.** アインムグラッジューインヴァイティドゥミー
お招きありがとう。	**Thank you for inviting me.** スエンキュウフォー インヴァイティングミー
くつろいでくださいね。	**Please make yourself at home.** プリーズメイクユアセオフ アットホウム ▶「自分の家だと思って過ごしてくださいね」といったニュアンスです。
楽にしてくださいね。	**Please make yourself comfortable.** プリーズメイクユアセオフ カンファタブル
楽しんでいって くださいね。	**I hope you have a good time.** アイホウプ ユウハヴァグッタイム
楽しみにしていました。	**I was looking forward to it.** アイワズルッキングフォワード トゥイット

靴は脱がなくていいですよ。	**You don't have to take off your shoes.** ユウドントハヴ　トゥテイクオフ　ユアシューズ
! 靴は脱いでくださいね。	**Please take off your shoes.** プリーズテイクオフ　ユアシューズ
スリッパをどうぞ。	**Please use these slippers.** プリーズ　ユーズ　ディーズスリッパーズ
! コートを預かりますよ。	**I'll take your coat.** アイォテイクユアコート
荷物はこちらへどうぞ。	**You can put your bag here.** ユウキィャンプットユアバッグヒィイァ
荷物は適当に置いてください。	**You can put your bag anywhere** ユウキィャンプットユアバッグエニウェア **you like.** ユウライク
これはお土産です。	**Here is a souvenir.** ヒアイズアスーヴェニァ
お座りください。	**Please take a seat.** プリーズテイクアスィート
好きなところに座ってください。	**You can sit anywhere you like.** ユウキィャンシットエニウェア　ユウライク
何を飲みますか？	**What do you want to drink?** ホワットドゥユウウォントトゥドゥリンク
お茶をください。	**Can I have some tea please?** キャンナイハヴ　サムティプリーズ
お菓子は好きに食べてくださいね	**Help yourself to the sweets.** ヘォプユアセォフ　トゥザスイーツ

ほめる

すてきなおうちですね！	**What a nice house!** ワラ　ナイスハウス
広いですね。	**You have a big house.** ユウハヴアビッグハウス
天井が高くて 開放的ですね。	**The ceiling is high and open.** ザセイリングイズハイ　エンドオープン
すごく明るいですね。	**It 's really bright.** イッツ　ウリィアウリィブライト
なんだかいい香りが します。	**It smells nice.** イットスメルス　ナイス
この家具、すごく センスいいですね。	**You have great taste with furniture.** ユウハヴグレイトテイスト　ウィズファニチャー
きれいな庭ですね！	**What a beautiful garden!** ワラ　ビィュウティフゥガーデン
すっごく居心地が いいです。	**I feel comfortable at your house.** アイフィールカンファタブル　アットユアハウス
私もこんな家に 住んでみたいです。	**I want to live in a house like this.** アイウォントゥーリブインアハウス　ライクディス

料理を提供する・ごちそうになる

手巻き寿司を 用意しました。	**I prepared hand-rolled sushi.** アイプリペアード　ハンドロールドスシ

どうやって 食べるんですか？	**How do I eat it?** ハウドウーアイ　イーティット
のりにごはんと 好きな具をのせて巻いて 食べてくださいね。	**First place the rice on the seaweed,** ファーストプレイスザライス　オンザスィーウィード **then your favorite filling on top,** ゼンユァフェイヴァリッフィリングオントップ **and roll it up.** エンロールイッアップ
ごはんには 酢がきいています。	**This is rice with vinegar.** ディスイズライス　ウィズヴィネガー
しょうゆは いりますか？	**Would you like some soy sauce?** ウッジューライク　サムソイソース
わさびはお好みで どうぞ。	**Would you like some wasabi?** ウッジューライクサムワサビ
ポトフは、 肉と野菜を煮込んだ 料理です。	**Pot-au-feu is cooked meat** ポトフーイズクックドミート **and vegetables.** エンドヴェジタブルズ
焼き餃子も食べてみて ください。	**Please try some grilled dumplings.** プリィズトライサム　グリルドダンプリングス ▶ dumplingは「ゆで団子」の意味です。gyozaで伝わる場合もあります。
から揚げは鶏肉を 揚げています。	**Karaage is deep fried chicken.** カラアゲイズ　ディープフライドチキン
ゆでた枝豆も おいしいですよ。	**Boiled edamame is also delicious.** ボイルドエダマメ　イズオールソーデリシャス
このバジルは 庭で育てている バジルなんですよ。	**I picked this basil from my garden.** アイピックド　ディスバジル　フロムマイガーデン
手を洗わせてもらって もいいですか？	**Can I wash my hands?** キャナイワッシュマイハンズ

熱いので気をつけてくださいね。	**Please be careful because it is hot.** プリーズビーケアフル　ビコーズイッㇳイズハッ
❗ 冷めないうちにどうぞ。	**Please eat before it gets cold.** プリーズイーㇳビフォア　イッㇳゲッツコーゥド
おかわりありますからね。	**There is more food if you like.** ゼアリズモアフード　イフユウライク
たくさん食べてくださいね。	**Don't be shy, we have more food.** ドンㇳビーシャイ　ウィーハヴモアフード
❗ 次は何を飲みますか？	**What would you like to drink next?** ホワッㇳウッジューライクトゥドリンク　ネクスト ▶ Another drink? と短く言うこともできます。
お口に合いましたか？	**Did you like the taste?** ディッジュー　ライクザテイスト
食べたことのない味です。	**I've never tasted this before.** アイヴネヴァーテイスティッドディス　ビフォウア
初めての味です。	**This is my first time tasting this.** ディスイズマイファーストタイム　テイスティングディス
新鮮でおいしいです。	**Fresh and delicious.** フレッシュエンドデリシャス
とても食べやすいですね。	**It's very easy to eat.** イッツヴィエリィイージートゥイート
料理を運びましょうか？	**Would you like some food?** ウッジューライク　サムフード
コーヒーと紅茶はどちらがいいですか？	**Would you like coffee or tea?** ウッジューライク　カーフィ　オアティー

紅茶をください。	**I would like tea please.** アイウッドライクティープリーズ
コーヒーは 苦手なんです。	**I don't like coffee.** アイドントライクカーフィ
ごちそうさまでした。	**Thank you for this meal.** スェンキュウフォー　ディスミーォ ▶ I appreciate the meal.「食事に感謝します」だと、よりあらたまった表現になります。
! おなかいっぱいです。	**I'm full.** アインムフル
もう食べられません。	**I can't eat anymore.** アイキィャントイートエニィモア
飲みすぎて しまいました。	**I drank a little too much.** アイドゥラアンク　ア　リルトゥーマッチ
食事を用意してくださり ありがとうございます。	**Thank you for preparing the meal.** スェンキュウフォプリペァリング　ザミーォ

調理法・調理器具に関する単語

皮をむく **to peel** トゥピーォ	練る **to knead** トゥニード	まぜる **to mix** トゥミックス
炒める **stir-fry** ステアフライ	包む **to wrap** トゥラップ	蒸し焼きにする **steam** スティーム
フライパン **frying pan** フラインッグパン	鍋 **pot** ポット	包丁 **kitchen knife** キッチンナイフ
ピーラー **peeler** ピーラー	まな板 **cutting board** カッティングボード	ボウル **bowl** ボウル

楽しく過ごす

❗ トイレを借りても いいですか？	**Can I use your bathroom?** キィャナイユーズ　ユアバスルーム
そこのドアを出て 左手にあります。	**Exit that door there** エグズィットザッドアゼア **and it will be on your left.** エンドイットウィォビィオンユアレフト
廊下の突き当たりです。	**At the end of the hallway.** アットジエンド　オブザホールウェイ
電気は上から 2番目です。	**The switch is the second one** ザスゥイッチイズザセカンドワン **from the top.** フロムザトップ
暑く／寒くない ですか？	**Isn't it hot / cold?** イズントイットハッ（コーゥドゥ）
少し暑い／寒いです	**A little hot / cold.** アリトルハッ（コーゥドゥ）
❗ ちょうどいいです。	**Just right.** ジャストライト
段差に気をつけて くださいね。	**Please be careful with the steps.** プリーズビーケアフゥ　ウィズザステップス
窓を開けても いいですか？	**May I open the window?** メイアイオープンザウィンドゥ
❗ どのくらい住んで いるんですか？	**How long have you lived** ハウロングハヴユウリヴド **in this house?** インディスハウス
間取りはいくつ ですか？	**What is the layout of this house?** ウワッイズザレイアウト　オブディスハウス

! ホームパーティーはよくやるんですか？	**How often do you have parties at your house?** ハウオーフンドゥユウハヴパーティーズ アットユアハウス
2ヶ月に1回くらいですよ。	**About once every two months.** アバウトワンスエヴリィトゥマンスズ
おうちの人は何時頃帰ってくるんですか？	**What time is your family coming home?** ホワットタイム イズユアファミリィ カミングホーム
7時頃です。	**About 7:00 p.m.** アバウト セブンピーエム
庭に出てみてもいいですか？	**Can I see your garden?** キィャナイスィーユアガーデン
すごく大きな本棚ですね。	**It's a really large bookshelf.** イッツゥリィアゥリィ ラージブックシエォフ
飲みものは冷蔵庫からとってくださいね。	**The drinks are in the refrigerator. Help yourself.** ザドリンクスアー インザリフリジェレイター ヘォプユアセォフ
聴きたい曲があったら言ってくださいね。	**Please tell me if you have any song requests.** プリーズテォミー イフユウハヴエニィソング リクエスツ
! お部屋を見せてもらえませんか？	**Can you show me around the house?** キィャンユウショウミー アラウンドザハウス ▶ around the house は、家のなか全体を案内してほしいというニュアンスです。
どうぞ、こちらです。	**This way, please.** ディスウェイ プリーズ
2階です。	**The second floor.** ザセカンドフロア
写真を見てもいいですか？	**Can I see your pictures?** キャナイスィーユアピクチャーズ

❗ 小さい頃のアルバムがあったら見せてほしいです。	**Can I see a picture of you when you were a child?** キャナイシーアピクチャオブユーゥ　ウェンユーワーアチャイルド
この本、借りていってもいいですか？	**May I borrow this book?** メイアイボロウ　ディスブック
ティッシュをとってもらってもいいですか？	**Can you pass me a tissue?** キャンユウパスミー　アティシュー
これは何の絵なんですか？	**What kind of picture is this?** ホワットカインドゥピクチャーイズディス
息子が描いたんですよ。	**My son drew it.** マイサン　ドリューイット
この植物はなんですか？	**What kind of plant is this?** ホワットカインドゥプラントイズディス
電話が鳴っていますよ。	**The phone is ringing.** ザフォン　イズリンギング
ゲームをしましょう。	**Let's play a game.** レッツプレイアゲイム
ＤＶＤを一緒に観ませんか？	**Let's watch a DVD movie together.** レッツゥワッチアディヴイディムーヴィー　トゥギャザー
賢そうな犬ですね。	**It's a smart dog.** イッツアスマートドッグ
オスですか？メスですか？	**Is your dog a male or female?** イズヨアドッグ　アメイル　オア　フィメイル ▶仔犬の場合は、boy/girl にします。
この犬の名前はなんというんですか？	**What is the name of this dog?** ホワットイズザネイム　オブディスドッグ

この犬は何歳ですか？	**How old is he/she?** ハウオールドイズヒー(シー) ▶ペットのことは he または she で話すのが一般的です。

片づける・見送る

片づけ、手伝います。	**I will help you clean up.** アイウィォヘルプユウ　クリーンアップ
洗剤はこれですか？	**Is this the dish soap?** イズディス　ザディッシュソープ
洗ったらここに置いてください。	**Please put the dishes here.** プリーズプットザディッシーズヒィイァ
洗い終わったお皿を拭きますね。	**I will dry the dishes.** アイウィォドライザディッシーズ
とっても助かります。	**You're very helpful.** ユアヴィエリィヘォプフゥ
あとでやるので大丈夫ですよ。	**Don't worry, I'll do it later.** ドントウォーリーアイォドゥイット　レイター
気持ちだけでうれしいです。	**You don't have to,** ユウドントハフトゥ **it's the thought that counts.** イッツザソウトザットカウンツ ▶ count は慣用句で「気持ちが大事」の意味で使われることがあります。
❶ そろそろ失礼しますね。	**It's time for me to leave.** イッツタイムフォーミートゥリーヴ
おいしかったです。	**It was delicious.** イットワズデリシャス

これ、よかったら持っていってください。	**You can take this home if you like.** ユウキィャンテイクディスホーム　イフユウライク
また来てくださいね。	**Please come again.** プリーズカムアゲイン
❗ 今度はうちにも来てくださいね。	**Please visit me** プリーズヴィズィットミー **at my house next time.** アットマイハウスネクストタイム
お邪魔しました。	**Thank you for everything.** スェンキュウ　フォーエヴリスィング

海外に手土産の文化はあるの？

日本では、家に招かれたら何かしらの手土産を持参することが多いもの。ホームパーティーが大好きな国ではどのような習慣になっているのでしょうか？

ホームパーティーは、ホストが料理をすべて用意する場合と、参加者が持ち寄る場合があります。持ち寄りの場合は、あらかじめホストやゲストの嗜好（しこう）を確認しておくとよいですね。

ヨーロッパ圏ではホームパーティーの種類にかかわらず、手土産必須の場合が多いようです。たとえばイギリスでは、その日の料理にもよりますが、シャンパン、チョコレート、高級ビスケットが定番です。主催者のお子さん用のプレゼントも忘れずに。ついでに花束を添えると、いっそう喜ばれます。デパートで「手土産セット」なるものが売り出されているので、こちらを利用すると安心です。フランス人はとにかくワインが大好き。手ごろな価格のワインで十分喜ばれます。

持ち寄りでない場合、アメリカ、オーストラリアでは手土産必須の文化はなく、招待客がその場を楽しむことに重きが置かれています。会話を広げるツールとして持参してもよいでしょうが、何を持っていくか悩むくらいなら、手ぶらのほうが無難です。

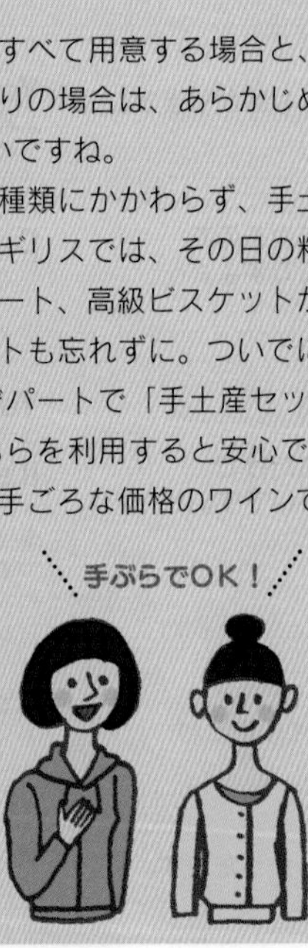

自宅に泊める・泊まる

今日はもう遅いから泊まっていったらどうですか？

It's already late. How about staying over at my house tonight?

イッツオゥルレディレイトゥ　ハゥアバウト　スティインノーヴァ　アッマイハゥストゥナイッ

本当に？　助かります。

Really? Thank you.

ゥリィアゥリィ　スェンキュウ

バリエーション

ご迷惑じゃなければ、お世話になります。	**If it's okay, I want to stay over tonight.** イフイッツオーケイ　アイウォントゥーステイオーヴァ　トゥナイト
でも、泊まる準備をしてきてないので、今日は帰ります。	**I'm not prepared to stay over tonight so I'm going home.** アインムノットプリペアード　トゥステイ オーヴァトゥナイト　ソー　アイムゴーイングホーム
せっかくですがごめんなさい、枕が変わると眠れないんです。	**I'm sorry I can't sleep here, I need my own pillows.** アインムソーリー　アイキィャントスリープヒィイァ　アイニードマイオウンピロウズ

就寝まで

わからないことがあったら聞いてくださいね。	**If you have any questions, please ask.** イフユウハヴエニィクエスチョンズ　プリーズアスク
お風呂 / シャワーに入ってきてください。	**You can use the bath/shower first.** ユウキィャンユーズザバス(シャワー)　ファースト
タオルを貸していただけますか？	**Can I borrow a towel?** キィャナイボロウ　アタウォル
シャンプーとか、あるものは好きに使ってくださいね。	**Please feel free to use anything** プリーズフィールフリー　トゥユーズエニシング **you need in the bathroom.** ユーニードインザバスルーム
右がシャンプーで、その隣がコンディショナー、一番左はボディーソープです。	**The shampoo is on the right,** ザシャンプーイズオンザライト **the conditioner is next to it,** ザコンディショナーイズ　ネクストトゥイット **and the body soap is on the left.** アンドザボディソープイズオンザレフト
これは母のものなので使わないでください。	**These are my mother's things.** ズィーズアーマイマザーズスィングス **Don't use them please.** ドントユーズゼムプリーズ
ここでお湯の調節ができます。	**You can adjust the hot water here.** ユウキィャンアジャスト　ザハッワラー　ヒィイァ
ドライヤーはここに置いておきますね。	**I'll leave the hairdryer here.** アイォリーヴ　ザヘアドライヤー　ヒィイァ
新しい歯ブラシがあるので使ってください。	**Use the new toothbrush.** ユーズ　ザニュウトゥースブラッシュ
洗濯したいものはありますか？	**Do you have anything** ドゥユウハヴエニスィング **you want to wash?** ユウウォントトゥワッシュ

テレビでも観てててください。	**Just relax and watch some TV.** ジャスリラークス エンワッチサムティーヴィー
ふとんを敷いておきました。	**I laid out the futon.** アイレイドザアウトフトン
ベッドを使ってください。	**Please use the bed.** プリーズユーズ ザベッド
寒かったら毛布をかけてください。	**If it is cold, please use this blanket.** イフイットイズコーウドゥ プリーズユーズディスブランケット
❗ 電気は全部消しますか？	**Do you want the light off?** ドゥユーウォントザライトオフ
豆電球をつけておきますね。	**I will leave the nightlight on.** アイォリーヴザナイトライトオン
真っ暗にしてもらえますか？	**I like it dark, can you turn** アイライキットダーク キャンユウターン **off the nightlight?** オフザナイトライト
❗ エアコンはつけっぱなしでも大丈夫ですか？	**Is it okay** イズイットオウケイ **to leave the air conditioner on?** トゥリーヴザエアコンディショナーオン
タイマーをかけました。	**I set a timer.** アイセットアタイマー
9時に起きましょう。	**Let's get up at 9 o'clock.** レッツゲラップ アットナインオクロック
目覚ましを9時にかけました。	**I set the alarm for 9.** アイセットジアラーム フォナイン
おやすみなさい。	**Good night.** グッドナイト

起床してから

おはようございます。 よく眠れましたか？	**Good morning. Did you sleep well?** グッモーニング　ディッジュースリープ　ウエオ
はい、ぐっすり 眠れました。	**Yes, I was able to sleep well.** イエス　アイワズエイブォトゥースリープ　ウエオ
朝食はパンで いいですか？	**Would you like toast for breakfast?** ウッジューライクトースト　フォブレックファースト
コーヒーを淹れますね。	**I can make a coffee.** アイキャンメイカ　カフィー
先に歯を磨いても いいですか？	**Can I brush my teeth first?** キャンアイブラッシュマイティース　ファースト
洗面所は自由に 使ってください。	**Please use the restroom freely.** プリーズユーズザレストルームフリーリィ
タオルはどこにおいて おけばいいですか？	**Where should I put the towel?** ウウエェアシュッドアイ　プットザタウォ
洗濯機の中に 入れちゃってください。	**Please put it in the washing machine.** プリーズプッティット　インザウォッシングマスィーン
何時頃 出かけますか？	**What time do you want to** ホワットタイム　ドゥユウウォントゥー **leave the house?** リーヴ　ザハウス
10 時半頃に しましょうか？	**Should we leave around 10:30 am?** シュッドウィーリーヴ　アラウンドテンサーティ エイエム

PART 9

恋愛

恋愛話をふる

A

最近、恋愛してる？

Are you in love with someone?

アーユウインラヴウィズサムワン

B

さっぱりだよ。誰かいい人いない？

No. Do you know any nice ladies?

ノー　ドゥユウノォウ　エニナイスレィディース？

A　バリエーション

恋人はできた？	**Are you with someone special?** アーユウウィズ　サムワンスペシャル
恋愛のほうはどう？	**How is your love life?** ハウイズユア　ラヴライフ
浮いた話はないの？	**Tell me about your boyfriend** テォミーアバウトユアボーイフレンド **/girlfriend.** ／ガールフレンド

B バリエーション

相変わらずだよ。	**Same as usual.** セイムアズ　ユージュアル ▶「とくに何もないよ」という意味で Nothing much. もよく使われます。
忙しくってそれどころじゃないのよ。	**I don't have time for dating.** アイドンハヴタイム　フォデイティング ▶直訳すると「デートするヒマがありません」です。
誰か紹介してくれない？	**Do you know any single men/women?** ドゥユーノウ　エニィシングル　メン／ウィメン ▶直訳すると「パートナーのいない人をだれか知りませんか？」になります。
しばらく無理かな。	**For now, it's impossible.** フォナァウ　イッツインポッシボゥ
今はそんな余裕ないかな。	**I don't have the time for now.** アイドンハヴザタイム　フォナァウ
恋人がいるよ。	**I'm in a relationship.** アインムインナ　リレイションシップ
実は彼氏ができたの！	**I actually have a boyfriend!** アイアクチュアリィハヴアボーイフレンド
ちょっと気になる人がいてね……。	**I have a crush on someone.......** アイハヴァクラッシュ　オンサムワン ▶ crush on ～は「～にべたぼれだ」「～にのぼせあがっている」という口語表現です。
とくに今は誰ともつき合う気はないんだ。	**Especially now I don't feel like going out with anyone.** イスペシャリーナウ　アイドントフィールライク ゴウイングアウトウィズエニィワン ▶ go out は男女のつきあいを示して使われることがあります。
ご想像におまかせします。	**I'll leave it to your imagination.** アイォリーヴィッ　トゥヨアイマジネイション
聞かないで。	**I don't want to talk about it.** アイドンウォントトゥトーク　アバウティット ▶直訳すると「その話はしたくないな」となります。

合コンとかいくの？

Do you go on blind group dates?

ドゥユゥゴーオン　ブラインドグループデイツ

うん、まあ。

Well, yes.

ウェル　イエス

いい人いた？

Did you find Mr. right?

ディッジューファインド　ミスターゥライッ

この間連絡先交換したよ。

We exchanged contact information with each other.

ウィエクスチェインジド　コンタクトインフォメイションウィズイーチアザー

２歳上で、サッカーが趣味なんだって。

He is two years older than me

ヒーイズトゥーイヤーズオゥルダー　ザンミー

and his hobby is soccer.

エンドヒズホビーイズサッカー

いつデートするの？

When are you going to see him?

ゥウェンアーユウ　ゴーイングトゥシーヒム

さあ？

I don't know.

アイドントノウ

❗ どんな人が タイプなの？	**What type of a person** ワッタイプフォヴァパースン **are you looking for?** アーユゥルッキンフォゥ
誠実で話が合う人が いいな。	**I want someone who is truthful** アイウォントサムワン　フーイズトゥルースフゥ **that I can talk to.** ザットアイキィャントークトゥ
定職についてて、 一人暮らししてる ことが条件かな。	**I want to meet someone who has a** アイウォントゥミートサムワン　フーハズア **good job and has a place of their own.** グッジョブ　エンド　ハズアプレイスオブゼアオウン
話をちゃんと聞いて くれる人がいいよね。	**I want someone who I can talk to** アイウォントサムワン　フーアイキャントークトゥ **and who listens to me.** エンドフーリスンズトゥミー
チャーリー って 飾らない感じが 素敵だよね。	**Charlie is a good person** チャーリィイズアグッパースン **inside and out.** インサイドエンアウト ▶ inside and out をつけると「裏表がなく」といったニュアンスになります。
年上で、 笑顔がかわいいの。	**He is older and has a cute smile.** ヒーイズオールダー　エンド　ハズアキュートスマイル
年下だけど 頼りがいがあるの。	**He is younger but reliable.** ヒーイズヤンガー　バットリライアブォ
アイラブユーなんて 家族にしか言わないよ。	**I say "I love you" only to my family.** アイセイ　アイラヴユー　オゥンリィトゥーマイフェァミリィ
私の国では告白する 習慣はないよ。	**There is no custom to confess** ゼアリズノーカスタム　トゥコンフェス **love to somebody in my country.** ラヴトゥサムバディインマイカントリィ
ローサ に告白 したんだって？	**Did you confess your love to Rosa ?** ディッジューコンフェスヨアラヴ　トゥローサ

恋愛の報告

❗ ジョージにデートに誘われたの。	**George asked me on a date.** ジョージ アスクトミー オンナデイト
アンディがあなたと話してみたいって。	**Andy wants to talk to you.** アンディ ワンツトゥ トークトゥーユウ
昨夜、アランが家まで送ってくれたんだ。	**Alan dropped me off at home last night.** アラン ドゥロップトミーオフアッホーム ラストナイト ▶dropped me off at homeは、「車で送ってくれた」の意味です。
リナといるとドキドキするんだよね。	**My heart beats fast** マイハートビーツファスト **when I'm with Lina.** フエンアイムウィズリナ
サキといると落ち着くんだ。	**I'm comfortable around Saki.** アインム カンファタブォ アラウンドサキ
メグミといっしょにいると楽しいんだ。	**I like being with Megumi.** アイライクビーイング ウィズメグミ
ベンにキスされちゃった。	**Ben just kissed me.** ベン ジャストキッスドミー
ジャックの家に泊まっちゃった！	**I stayed overnight at Jack's house!** アイステイド オーヴァーナイト アットジャックズハウス
マッチングアプリをやってて、今度初めて会うんだ。	**I'm on a dating app, and soon I'm going** アインム オンナデーティングアップ エンスーンアインムゴウイング **to see him/her for the first time.** トゥスィーヒム(ハー) フォーザファーストタイム
ハルカにふられちゃったよ。	**I was dumped by Haruka.** アイワズダンプト バイハルカ
彼とは別れたんだ。	**I broke up with him.** アイブロウクアップウィズヒム

今度 アダム の親にあいさつすることになったの。	**I'm going to meet Adam's parents.** アインムゴーイングトゥ　ミートアダムスペアレンツ
同棲を始めたんだ。	**We moved in together.** ウィームーブドウイン　トゥゲザー ▶ moved in together は「同棲する」の意味でよく使われます。
来年結婚するの。	**I will tie the knot next year.** アイウィオ　タイザナット　ネクストイヤー ▶ tie the knot は「結婚する」の意味です。

うわさ話をする

オスカー と アヤ って仲良いよね。	**Oscar may go out with Aya.** オスカーメイゴーアウト　ウィズアヤ
ハリー って ミホ のこと気に入ってるよね。	**I think Harry likes Miho.** アイスィンク　ハリーライクスミホ
レオ って サオリ のこと好きなのかな？	**Do you think Leo has a crush on Saori?** ドゥユウスィンク レオハズクラッシュ　オンサオリ
アイ と オリバー が付き合ってるって本当？	**Is it true that Ai and Oliver are dating?** イズイットトゥルーザット　アイアンドオリヴァーアーデイティング ▶ date も男女の付き合いを示す言葉です。
イーサン は不倫してるらしいよ。	**Ethan seems to be cheating.** イーサンスィームストゥ　ビーチーティング ▶ cheat は「(配偶者に隠れて) 浮気をする」という意味です。

恋愛の相談

アサミ と仲良くなりたいんだけど、どうしたらいいかな？	**I don't know how to get closer to Asami.** アイドンノウ　ハウトゥゲックロウサートゥ アサミ
焼肉に誘ってみなよ。	**Take her to yakiniku.** テイクハートゥー　ヤキニク

リアム って彼女いるのかな？	**Does Liam have a girl friend?** ダズリアム　ハヴアガーォフレンド
❗ ルイース のことばっかり考えちゃう。	**I keep thinking about Louis.** アイキープシンキンガバウト　ルイース
マイ のことが好きになったかも！	**I may have come to like Mai!** アイメイハヴカム　トゥライクマイ
聞いて！彼ったらひどいの！	**Listen! He is so bad!** リスン　ヒーイズソーバッド
エミリー が何考えてるかわかんないんだよね。	**I'm not sure what Emily thinks.** アインムノッシュアー　ゥワッエミリースィンクス ▶ not sure は「はっきりしない」「確信がもてない」といった意味です。
彼とはその後、どうなの？	**How's it going with him?** ハウズイットゴウイング　ウイズヒム
ぼちぼちだよ。	**It's ok.** イッツオゥケイ
仲良しだよ。	**We're good.** ウィアーグッド
彼女とは遠距離なんだよね。	**It's a long distance relationship.** イッツアロングディスタンスリレイションシップ
❗ ケンカ中なの。	**We're quarreling.** ウィアークォレリング
この間彼氏が浮気してたの。	**My boyfriend is cheating on me.** マイボーイフレンドイズチーティング　オンミー
そろそろ別れようかと思って。	**I'm breaking up with him/her soon.** アインムブレイキンナップ　ウィズヒム(ハー)　スーン

最近、メッセージの 返信がこないんだよね。	**He/She has not replied** ヒー(シー) ハズノットリプライ **to any of my texts.** トゥエニィオブマイテキスツ ▶ has not repliedは今も継続して返信してこないことを示しています。
付き合って どれくらいなの？	**How long have you been dating?** ハウロングハウユウビーンデイティング
❗ どこで 知り合ったの？	**How did you meet?** ハウディッジューミート ▶ この場合の「どこで」は、地名というよりも「どうやって」なのでHowが適しています。
学生時代からの 友だちなんだ。	**He/She is a friend from school days.** ヒー(シー) イズアフレンド フロムスクーォデイズ
友だちの紹介なの。	**A friend introduced us.** アフレンド イントロデュースアス
友だちの友だちなの。	**He is a friend of my friend.** ヒーイズアフレンド オブマイフレンド
クラブでナンパ されたの。	**He picked me up at the club.** ヒーピックトゥミーアップアットザクラブ
最近どんな デートした？	**What did you do on your last date.** ホワットディッジュードゥ オンニュアラストデイト
彼の写真見せて？	**Can I see his picture?** キャンナイ スィー ヒズピクチュアー
お似合いね！	**You guys look cute together.** ユウガイズ ルックキュウトゥゲザー ▶ You guysは「あなたたち」という意味です。
イケメンね！	**He's cute.** ヒイズキュウト

告白する

A

付き合ってくれませんか？

Will you go out with me?

ウィォユウゴウアウト　ウィズミー

いいですよ。付き合いましょう。

OK. Let's go out.

オッケー　レッツゴウアウト

B

A バリエーション

恋人になって くれませんか？	**Will you be my boyfriend/girlfriend?** ウィォユウビーマイボーイフレンド（ガーォフレンド）
友だち以上に なれないかな？	**Can we be more than friends?** キャンウィービーモアザンフレンズ

B バリエーション

私も付き合いたいと 思っていました。	**I want to be with you too.** アイウォントゥビー　ウィズユウ　トゥー
もう少しお互いのことを よく知ってからのほうが いいんじゃないかな？	**We should get to know each** ウィーシュドゥゲットゥーノウイーチ **other better.** アザー　ベラー
あなたとは 付き合えません。	**I can't be with you.** アイキィャント　ビーウィズユウ
他に好きな人がいます。	**I'm interested in another person.** アインムインタレスティッドイン　アナザーパースン
あなたのことは 友だちとしか 見られません。	**I only like you as a friend.** アイオンリィライクユウ　アズアフレンド

その他のフレーズ

❗ 私たちって付き合ってるんだよね？	**Aren't we dating?** アーントウィー　デイティング
これってどういう意味？	**What does this mean?** ホワットダズディスミーン ▶とくに告白などなく手をつないだ場合などに、その行為に対して問い詰めるときに使います。
ぼくは付き合ってると思ってるけど？	**I thought we were dating.** アイソート　ウィーワーデイティング
付き合っているつもりはありませんでした。	**I didn't mean we were dating.** アイディドゥントミーン　ウィーワーデイティング

別れ話をする

❗ 別れてほしいの。	**I want to break up.** アイウォントゥー　ブレイクアップ
しばらく距離をおきたいんだけど。	**Let's separate for now.** レッツセパレイト　フォナァウ
他に好きな人ができたの。	**I'm in love with another person.** アインムインラブウィズアナザーパースン
やっぱり恋人として見られません。	**After all I cannot see you as** アフターオール　アイキャノットスィーユー　アズ **my boyfriend/girlfriend.** マイボーイフレンド（ガールフレンド）
価値観が合わないみたい。	**We don't have the same values.** ウィードントハウザセイムヴァリューズ
結婚しないんだったら別れよう。	**Marry me or we are finished.** メリーミーオア　ウィーアーフィニッシュド ▶直訳すると「結婚するか終わるかだね」となります。

友だちに戻ろう。	**Let's just be friends.** レッツジャストビーフレンズ ▶ just「ただの」とつけることで、男女の仲の終わりを強調しています。
私たち、別れたほうがいいと思うの。	**I think we should break up.** アイスィンク ウィーシュッドブレークアップ ▶ It's time for us to break-up.「別れのときだね」と言うこともできます。
❗ もう一度よく話し合おう。	**We need to talk.** ウィーニードトゥトーク
納得できない。	**I don't agree with you.** アイドンッアグリィ ウィズユウ
わかった。今までありがとう。	**I understand. Thank you for everything.** アイアンダースタンド スェンキュウ フォウエヴリスィング

別れの理由

彼女といても将来が見えなくてね……。	**I don't see a future with her......** アイドントスイー アフューチャー ウィズハー
「君といると疲れる」だって。	**"I'm tired of you", he said.** アイムタイアードオブユウ ヒーセッド
お互いに時間が合わなくてね……。	**We don't have time for one another......** ウィードントハヴタイム フォワンアナザー ▶ 直訳すると「私たちはお互いに時間を共有しなかった」となります。
ユーゴ の束縛がきつくて……。	**Yugo was controlling me tight......** ユーゴワズコントローリングミー タイ
二股かけられてたの。	**He was two-timing me.** ヒーワズ トゥータイミングミー ▶ 直訳すると「彼は私を裏切っていた」です。

PART 10

日本について話す

日本について話す

日本はどんな国なんですか？

What is Japan like?

ワッティズジャパン　ライク

日本には美しい自然や
古来の文化があります。

Japan has beautiful nature

ジャパンハズビュウティフゥネイチャー

and an ancient culture.

エンドアンアンシエントカルチャー

それは素敵ですね。

That's nice.

ザッツナイス

バリエーション

日本のことを 教えてもらえますか？	**Can you tell me about Japan?** キャンユゥテルミー　アバウトジャパン
日本に来るのは 初めてなんです。	**This is my first trip to Japan.** ディスイズマイファーストトリップ　トゥジャパン

B ・バリエーション

日本には四季があります。	**We have four seasons in Japan.** ウィハヴフォースィーズンズ　インジャパン
北から南まで特色のある土地がたくさんありますよ。	**There are many unique lands** ゼアラーメニィユニーｸランズ **from north to south.** フロムノーストゥサウス
おいしい食べ物がたくさんあります。	**There are a lot of** ゼアラー　アロットオブ **different delicious foods.** ディファレントデリシャスフーズ
日本人の多くは食べることに興味があります。	**Many of us are** メニィオヴアスアー **interested in enjoy meal.** インタレスティッインエンジョォイミィーォ
清潔できっちりしていて、治安がよいです。	**It's very clean, orderly and safe.** イッツヴィエリィクリーン　オーディナリー　エンセイフ
英語を話すことに苦手意識を持っている人がたくさんいます。	**Many people are** メニィピーポーアー **not good at speaking English.** ノットグッドアット　スピーキングイングリッシュ
日本人は温泉や銭湯、サウナが大好きです。	**We love hot springs,** ウィラヴハッスプリングス **public baths and saunas.** パブリックバスズエンドサウナズ
日本では昔から野球が人気です。	**Baseball has been popular in Japan** ベイスボーハズビーンパピュラーインジャパン **for a long time.** フォアロンタイム ▶for a long time は「長い間」なので、「昔から」という意味合いになります。
日本には 20 以上の世界遺産があります。	**There are more than 20** ゼアラーモァザン　トゥエンティ **World Heritage Sites in Japan.** ウォールドゥヘリテイジサイツインジャパン
日本には 100 以上の活火山があります。	**There are more than 100 active** ゼアラーモァザンアハンドレッドアクティブ **volcanoes in Japan.** ボルケイノウズ　インジャパン
たいていの建物は地震に備えたつくりになっています。	**Most buildings are built to withstand** モーストビォディングアービルトトゥーウィズスタンド **earthquakes.** アースクエイクス

地理など

日本の人口は 約 1 億 2000 万人です。	**The population of Japan is about** ザポピュレイションオブジャパン　イズアバウト **120 million.** ワンハンドゥレットトゥエニーミリオン
そのうち 約 1400 万人が 東京都に住んでいます。	**About 14 million of them live in Tokyo.** アバウトフォーティーンミリオンオブゼム　リブイントーキョー
全人口の 28%が 65 歳以上の高齢者です。	**28% of the total population is aged** トゥエニーエイトパーセントオブザトータォポピュレイションイズエイジド **65 or older.** スェックスティファイブオアオールダー
日本の国土は 約 38 万平方キロ メートルです。	**Japan is about 380,000** ジャパンイズアバウト　スリーハンドゥレッドエイティーサウザンド **square kilometers.** スクエア　キロミターズ
ドイツやジンバブエと 同じくらいの広さです。	**It is about the same size as** イットイズアバウトザセイムサイズ　アズ **Germany or Zimbabwe.** ジャーマニー　オアジンバブエ
静岡県は東京の南西に 位置しています。	**Shizuoka Prefecture is to the** シズオカプリフェクチャーイズトゥーザ **southwest of Tokyo.** サウスウェストオブトーキョー
富士山は日本で 一番高い山です。	**Mt.Fuji is the highest mountain** マウントフージ　イズザハイエストマウンテン **in Japan.** インジャパン

季節・気候

日本の桜は、 ほとんどソメイヨシノ という品種です。	**In Japan, the majority of the cherry** インジャパン　ザマジョリティオブザチェリー **blossoms are Yoshino Cherry.** ブロッサムズ　アーヨシノチェリー
だいたい、 暖かい地域から咲いて いきます。	**Usually, they bloom in warm areas.** ユージュアリー　ゼイブルーム　インウォームエァリアズ
東北や北海道に行けば 5 月の上旬頃でも 見られます。	**They bloom in early May in Tohoku** ゼイブロッサムインアーリィメイイントーホク **and Hokkaido.** エンドホッカイドー

桜の下で宴会を開くことをお花見といいます。	**Having a picnic under the cherry blossoms** ハヴィンgアピクニック　アンダーザチェリーブロッサムズ **is called cherry blossom viewing.** イズコーウド　チェリーブロッサムヴューインg
６月に梅雨入りします。	**June is the start of the rainy season.** ジュンイズザスタートオブザ　ゥレイニースィーズン
北海道に梅雨はありません。	**There is no rainy season in Hokkaido.** ゼアリズノーゥレイニースィーズン　インホッカイドー
夏はほとんどの地域が湿度が高く、蒸し暑いです。	**In summer, most areas** インサマー　モーストエアリアズ **are humid and muggy.** アーヒューミッドエンドマギィ
夏は40度近くまで気温が上がることがあり、夜も暑いです。	**In summer, temperatures can rise to nearly** インサマー　テンペラチャーキャンライズ　トゥニアリィ **40 degrees, and the nights are hot.** フォゥティディグリーズ　エンドザナイッアーハッ
７月から９月には台風がやってきます。	**Typhoons occur from July** タイフーンズオカーフロムジュライ **to September.** トゥセプテンバー
とくに猛暑の年は台風が頻発します。	**Typhoons occur frequently,** タイフーンオカーフリークェントリー **especially in extremely hot years.** イスペシャリーインエクストリームリィ　ハッイヤーズ
秋は夜が長くなります。	**In autumn, the nighttime gets longer.** インオータム　ザナイッタイムゲッツロンガー
秋は紅葉がきれいな時季です。	**Autumn is a time when the colored** オータムイズアタイム　ウウェンザカラード **leaves are beautiful.** リーヴスアービィュウティフゥ ▶Autumn has beautiful leaves. と言うこともできます。
山のほうや庭園などでは紅く色づいたもみじが見られます。	**In the mountains and gardens,** インザマウンテンズ　エンドガーデンズ **you can see maple leaves colored red.** ユゥキャンスィー　メイプルリーブスカラードレッド
銀杏並木も黄色が鮮やかで見事ですよ。	**It's beautiful when the rows of** イッツビュウティフゥ　フェンザロウズオブ **Ginkgo trees are yellow.** ギンコトゥリーズ　アーイエロー

冬はコートやマフラーが必要です。	**You'll need a coat and scarf in winter.** ユゥォニードアコートエンドスカーフ　インウィンター
東京でもときどき雪が降ります。	**Tokyo has occasional snow.** トーキョーハズオケイジョナルスノゥ
雪の多い地域では、3m以上積もることもあります。	**Some places experience more than** サムプレイシィーズエクスペァリエンス　モアザン **3 m of snow.** スリーミーターズオブスノウ
冬は風邪の予防のためにマスクをする人が多いです。	**In winter, many people wear masks** インウィンター　メニィピーボゥエアマスクス **to prevent colds.** トゥプリヴェントコーゥズ
春先にマスクをしている人のほとんどは花粉症の人たちです。	**Most people who wear masks** モストピーボゥ　フーウェアマスクス **in early spring have hay fever.** インアーリースプリング　ハヴヘイフィーヴァー

季節の行事

おせちは正月のときだけに食べる特別な料理です。	**Osechi is a special dish that you can** オセチ　イズアスペシャォディッシュ　ザットユウキャン **only eat during the New Year.** オンリィイート　デュアリングザヌーイヤー
おせちは1年の健康と幸福を祈って食されます。	**Osechi is eaten to pray for good** オセチイズイートゥントゥプレイフォー グッド **health and happiness in the new year.** ヘォスエンハピネスインザヌーイヤー
それぞれの食材には特別な意味があります。	**Each of the ingredients** イーチオブズィイングリーディエンス **has a special meaning.** ハズアスペシャォミーニング
エビは腰が曲がっているので、長寿の象徴です。	**Shrimp are a symbol of longevity** シュリンプアーアシンボォオブアロンゲヴィティ **because their backs are bent.** ビコーズゼアバアックスアーベント
黒豆には「マメに暮らせますように」という願いが込められています。	**Black beans signify a wish to " live diligently".** ブラックビーンズ　シグナファイアウィッシュトゥ　リヴデリジェントリィ ▶ diligently は「こつこつと」の意味です。
成人の日は20歳になったことのお祝いで、各地で成人式が催されます。	**Ceremonies are held to celebrate adulthood** セレモニーズアーヘォドトゥセレブレイトアダォトフゥ **for people turning 20 years old all over Japan.** フォーピーボゥ　ターニングトゥエニーイヤーズオールド　オーゥオウヴァージャパン

成人式や卒業式で着物を着る習慣があります。	At Coming-of-age or graduation ceremonies, アッカミンノブエイジオアグラデュエイションセレモニーズ kimonos are customarily worn. キモノズアーカスタマリーワーン
節分は、豆まきをする行事です。	Setsubun is セツブンイズ an event where we throw beans. アンイヴェント　ウウェアーウィースロウビーンズ
節分は幸福を願い悪運を寄せつけないために行います。	Setsubun is celebrated to wish セツブンイズセラブレイテッドゥトゥウィッシュ for happiness and to keep away bad luck. フォーハピネス　エントゥキーブアウェイバッドラック
日本のバレンタインデーは女性が男性にチョコレートを贈ります。	On Valentine's Day in Japan, women オンヴァレンタインズデイインジャパン　ウィメン give chocolates to men. ギヴチョコレイツ　トゥメン
女性から男性に愛の告白をすることもあります。	Sometimes women confess サムタイムス　ウィメンコンフェス their love too. ゼァラブ　トゥー
最近では、友人にチョコレートを渡す光景がたくさん見られます。	Recently, people can often be seen リーセントゥリィ　ピーポーキャアンオーフンビーシーン giving chocolate to their friends. ギヴィンチョコレイトトゥデアフレンズ
友チョコと言います。	It is called "friend chocolate". イットイズコールド　フレンドチョコレイト
３月３日はひなまつりです。	On March 3rd, we have a girls' festival オンマーチサードウィハヴァガールズフェスティヴァォ called Hinamatsuri. コーゥドゥヒナマツリ
女の子の成長と幸福を願う行事です。	It's an event to pray for girls' イッァンイベント　トゥプレイフォーガーォズ growth and happiness. グロウズエンハピネス
宮中の様子を表した人形を飾る風習があります。	There is a custom to display ゼアリズアカスタムトゥディスプレイ dolls that depict the imperial court. ドーゥズ　ザットディピクトゥズィ　インピィァリアルコートゥ
学校や会社のほとんどが４月から１年が始まります。	Most schools and companies モストスクーォズ　エンドカンパニーズ start their year in April. スタート　ゼアイヤーインエイプリル
毎年４月から５月にかけての連休は、ゴールデンウィークと呼ばれます。	The annual holidays from late April to ザアニュアルホリデイズフロムレイトエイプリルトゥ early May are called Golden Week. アーリーメイ　アーコーゥドゴーゥデンウィーク

5月5日は子どもの 日を祝います。	**On May 5th, we celebrate** オンメイフィフス　ウィセラブレイトゥ **Children's Day.** チルドレンズデイ
鯉のぼりを飾ります。	**We set up carp streamers** ウィセッタップ　カーブストリーマーズ **called koinobori.** コールドゥコイノボリ
鯉は出世の象徴と されています。	**The carp is a symbol of success.** ザカーブイズアシンボル　オブサクセス
七夕は7月7日に祝う 星にまつわる行事です	**Tanabata is an event about the stars** タナバタイズァンイベント　アバウトザスターズ **celebrated on July 7th.** セラブレイテッドン　ジュライセブンス
七夕は1年に1度だけ 会える織姫と彦星の 伝説にちなんでいます。	**It's from a legend of Orihime and** イッツフラムアレジェンドオブ　オリヒメエンド **Hikoboshi, who meet only once a year.** ヒコボシ　フーミートオンリーワンスアイヤー
お盆は亡くなった 祖先が家に帰ってくる 時期とされています。	**Many believe their ancestors return** メニィビィリーブゼアアンセスターズリターン **home during Bon season.** ホーム　デュアリングボンスィーズン
この時期に帰省する 人が多く、交通網が 混雑します。	**During this time, traffic is heavy** デュアリングディスタイム　トラフィックイズヘヴィ **with families returning home.** ウィズファミリーズリターニングホーム
地域の夏祭りでは、 盆踊りを楽しみます。	**People enjoy Bon dance** ピーポーエンジョイ　ボンダンス **at local summer festivals.** アットローカルサマーフェスティヴァルズ
盆踊りはお盆の時期に 踊られる民俗芸能です。	**Bon Odori, a folk dance, is** ボンオドリ　アフォークダンス **performed at Bon Festivals.** パフォームドゥアットボンフェスティヴァル
神輿（みこし）は神様が移動する ときに使われる 乗り物です。	**Mikoshi is a vehicle** ミコシイズアヴィヒクル **used for a god's transportation.** ユーズドゥフォォアゴッズトランポーテイション
夏祭りや花火大会では 屋台がたくさん 立ち並びます。	**At festivals, like summer and fireworks festivals,** アッフェスティヴァルズライクサマー　エン　ファイヤーワークスフェスティヴァルズ **you can find a variety of stands.** ユウキィャアン　ファインダヴァラィエティオブスタンズ
秋に祭りを行う 神社もあります。	**There are shrine festivals in the fall.** ゼアラーシュラインフェスティヴァルズ　インザフォール

祭りや花火大会では浴衣を着ている人がたくさんいますよ。	**Many people wear yukata at** メニィピーポーウェアユカタ　アット **festivals and fireworks festivals.** フェスティヴァルズ　エンドファイヤーワークスフェスティヴァルズ
浴衣はもともと湯上りに着ていた汗を吸うための着物です。	**The yukata is used to absorb sweat,** ザユカタイズユーストゥアブソルブスウェット **but was originally used after bathing.** バットワズオリジナリィユーズドアフターバッスィング
９月にはお月見があり、多くの人が美しい月を鑑賞します。	**There's a moon viewing in September,** ゼアズアムーンヴューイングインセプテンバー **so people can appreciate its beauty.** ソーピーポーキャンアプリシエイト　イッツビィュウティ
日本のハロウィンは、仮装して集まって盛り上がるイベントとして定着しました。	**Japanese Halloween is a time to** ジャパニーズハロウィーンイズアタイムトゥ **get together and dress in costumes.** ゲットゥゲザー　エンドドゥレスインコスチュームズ
クリスマスは恋人たちが盛り上がる日というイメージが強いです。	**In Japan, couples are excited** インジャパン　カポゥズアーエクサイティッド **about Christmas.** アバウトクリスマス
子どもが小さい家族の多くはクリスマスを家で楽しみます。	**Many families with small children** メニィファミリーズウィズスモールチルドレン **enjoy Christmas at home.** エンジョイクリスマス　アットホーム
大晦日には年越しそばを食べる風習があります。	**Eating soba noodles on** イーティングソバヌードルオン **New Year's Eve is customary.** ニューイヤーズイヴ　イズカスタマリィ
年越しそばは年が明ける前に食べ終わるようにします。	**You have to finish your soba** ユウハフトゥフィニッシュユアソバ **before the new year.** ビフォゥザヌーイヤー

サンクスギヴィングデー

日本人にまだあまりなじみのないアメリカの行事に、サンクスギヴィングデーがあります。11月の第４木曜日に催される感謝祭で、学校や会社はこの日から４連休になり、多くのアメリカ人が家族や親戚と一緒に過ごします。ターキー（七面鳥）の料理を食べることは日本でもよく知られていますね。当日はほとんどのお店が休業しますが、感謝祭が終わると一気にクリスマス商戦が始まります。翌日の金曜日は休日とあって、多くの人々がクリスマスのショッピングに出かけます。おかげでお店は黒字になるため、この日は「ブラックフライデー」と呼ばれています。

日本では湯船に浸かる習慣があります。

You bathe in the bathtub in Japan.

ユゥ　バスインザバスタブインジャパン

そうみたいですね。

It looks that way.

イットルックスザッウェイ

温泉はふつうのお風呂とどうちがうんですか？

How is a hot spring different from an ordinary bath?

ハウイズアハッスプリングディファレント
フロムアンオーディナリィバス

ミネラルが豊富に含まれ、さまざまな薬効があるとされています。

It is rich in minerals and has various medicinal effects.

イットイズリッチインミネラォズ　エンドハズ
ヴァリアスメディシナォエフェクツ

単純に気持ちいいと感じている人は多いです。

Many people simply feel good in hot springs.

メニィピーポゥシンプリーフィーォグッ
インハッスプリングス

生活・習慣

温泉は火山の熱などで温められたお湯です。	**The water in hot springs is** ザワラーインハッスプリングスイズ **heated by volcanos.** ヒーティドバイボルケイノス
洗い場で髪や体を洗ってから湯船に入ります。	**Before you enter the bath, you have to** ビフォァユウエンターザバス　ユウハフトゥ **wash your hair and body.** ワッシングユアヘア　エンドボディ
温泉は裸で入ります。	**People enter hot springs naked.** ピーポゥエンタァハッスプリングス　ネイキッドゥ
公共のお風呂はタトゥーがあると入れないことがあります。	**People with tatoos are often** ピーポゥウィズタトゥーズアーオーフン **not admitted to public baths in Japan.** ノットアドゥミティットゥ　パブリィクバァスズインジャパン
通勤電車はパンパンに混んでいます。	**Rush hour trains are fully packed.** ラッシュアワートゥレインアー　フーリィパックトゥ
日本中いたるところに自動販売機がたくさんあります。	**There are many vending machines** ゼァラーメニィヴェンディングマシンズ **all over Japan.** オールオゥヴァージャパン
飲みものはアイスかホットを選べます。	**You can choose ice or hot drinks.** ユーキィャァンチュウズ　アイスオァハッ　ドゥリンクス
ラーメンを売っている自動販売機もあります。	**There are also vending machines** ゼァラーオゥルソゥヴェンディングマシンズ **that sell ramen.** ダッセルラーメン
路上での喫煙が禁止されているところもあります。	**Some places prohibit** サンプレイスプロヒビィトゥ **smoking on the street.** スモゥキンオンダストゥリート
目上の人には敬語で話します。	**We speak in honorifics to superiors.** ウイスピーキンアナリフィクス　トゥサァピアリアス
路上で配っているポケットティッシュは無料ですよ。	**Pocket tissues distributed on the street** ポケッティシュウズ　ディストゥリビュゥティッドンダストゥリート **are free of charge.** アーフリーオンチャージ

あなたが日本に来て驚いたことは何ですか？	**What has surprised you** ワッハズサプライズドゥユゥ **since coming to Japan?** スィンスカミントゥジャパン
不思議だと感じる日本の習慣はありますか？	**What do you think is strange** ワッドゥユゥスィンクィズストレィンジ **about Japanese customs?** アバウトジャパニーズカスタムズ
初対面の人と握手をする日本人はあまり多くありません。	**Not many Japanese shake hands** ナッメニィジャパニーズシェイクハンズ **when they meet a person for the first time.** フェンゼィミートゥアパースンフォォ　ダファーストタイム
日本にはチップを渡す習慣がありません。	**There is no custom** ゼァリズノゥカスタム **of tipping in Japan.** オブティッピング　インジャパン
特定の宗教を信仰しない人のほうが、日本では多数派です。	**In Japan, the majority of the people do not** インジャパン　ダメジャリティオブザピーポードゥーノット **follow a particular religion.** フォロウ　アパティキュラーレリジョン
ラーメンや蕎麦を食べるときは音を立ててすすってもいいんですよ。	**It's okay to make a slurping noise of sucking** イッツオゥケイトゥメイカスラーピングノイズオブサッキン **while eating ramen or soba.** ホワイォイーティンラーメン　オァソバ
日本では食べるときに食器を持ち上げるのはふつうです。	**It's normal in Japan** イッツノーマルインジャパン **to lift your plate or bowl when eating.** トゥリフトユァプレイトオァボウル　フェンイーティング
多くの日本人女性はすっぴんでは外出しません。	**Many Japanese women do not go out** メニィジャパニーズウィメン　ドゥナッゴゥアウト **without makeup.** ウィザウトゥメイカップ
ほとんどの日本人はゴミを路上にポイ捨てしたりしません。	**Most Japanese don't throw trash** モゥストジャパニーズドンスロゥトラッシュ **on the street.** オンダストゥリー
日本では水道水をそのまま飲めます。	**We can drink the tap water in Japan.** ウィキャンドゥリンクダタップワァラー　インジャパン
 私の国では考えられないです。	**That's unthinkable in my country.** ザッアンシンカブォ　インマイカントリィ

伝統文化

歌舞伎は江戸時代から行われている演劇です。	**People have been enjoying Kabuki** ピーボーハヴビーンエンジョイングカブキ **theater since the Edo period.** シアター スィンスザエドピリオド
隈取りというメイクが施され、男性のみで演じられます。	**Only men perform in Kabuki, and they** オゥンリィメンパーフォームインカブキ エンゼイ **wear a kind of makeup called Kumadori.** ウェアーカインドブメイカッ コーゥドクマドリ
紅い隈取は正義の味方、悪役には藍色が使われます。	**The red Kumadori represents justice,** ザレッドクマドリリプレゼンツジャスティス **while villains are in indigo.** ホワイォヴィリアンズアーインインディゴ
マンガを原作とした歌舞伎も演じられるようになりました。	**Kabuki based on manga** カブキベイスドオンマンガ **can be seen now.** キャンビーシーンナェアウ
歌舞伎は銀座の歌舞伎座や新橋演舞場などで見られますよ。	**Kabuki can be seen at Kabukiza** カブキキャンビーシーン アットカブキザ **in Ginza and Shimbashi Enbujo.** インギンザ エンドシンバシエンブジョー
相撲は日本の国技です。	**Sumo is the national sport of Japan.** スモーイズナショナォスポーツ オブジャパン
力士は強さによって番付されており、トップは横綱です。	**Wrestlers are ranked according to** レスラーズアーランクドアコーディングトゥ **their strength and the Yokozuna is** ゼアストレングス アンドザヨコズナイズ **the best wrestler.** ザベストレスラー
取り組みの前に、土俵を清めるために塩をまきます。	**The soil is cleansed by** ザソイォイズクレンズド バイ **sprinkling salt before each match.** スプリンクリングソルトビフォゥアイーチマッチ
塩は邪気を清めるとして儀式的に用いられることがあります。	**To keep evil away, salt is used ritually.** トゥキーブイーブォアウェイ ソルトイズユーズドリチュアリー
大相撲は奇数月に15日間かけて行われます。	**Ohzumo are held** オオズモウアーヘォド **in odd-numbered months for 15 days.** インオッドナンバードゥマンス フォァフィフティーンデイズ

忍者は世を忍んで活動している人たちなので、今もいるかもしれませんね。	**Ninjas may have endured over the** ニンジャズメイハヴエンデュアードオーヴァーザ **years and may still exist.** イヤーズ　エンドメイスティルイグジストゥ
芸者は唄、踊り、三味線などで宴席を盛り上げる女性です。	**With song, dance and shamisen,** ウィズソング　デァンス　エンドシャミセン **Geishas make a gathering interesting.** ゲイシャズメイクアギャザリング　インタレスティ
京都では芸妓になるために修業している年若い女性を舞妓といいます。	**Maiko are young Geisha trainees in Kyoto.** マイコアーヤングゲイシャ　トレイニーズインキィヨト

ポップカルチャー

マンガやアニメやゲームが身近にあります。	**Manga, anime, and games are** マンガ　アニメ　エンドゲイムスアー **everywhere.** エヴリィゥウェアー
日本のアニメは、美しい風景描写やストーリー構成により大人も楽しめます。	**Japanese anime is enjoyed by adults** ジャパニーズアニメ　イズエンジョイドバイアダォツ **for its artistry and stories.** フォイッツアーティストリィエンドストーリィズ
日本のアニメはジャンルが多彩で、アニメを通して学べることがたくさんあります。	**Japanese anime has something for** ジャパニーズアニメ　ハズサムスィングフォ **everyone and can also be educational.** エヴリワン　エンドキャンオールソウ　ビーエデュケイショナル
アニメを通して柔道や囲碁の魅力を知った人もたくさんいます。	**Anime helped some people get** アニメヘゥプトサムピーポーゲット **interested in Judo and Go.** インタレステッドイン　ジュードー　エンドゴ
日本にはアイドルと呼ばれる歌手のグループがたくさんいます。	**There are many group of singers** ゼアラーメニィグループオヴシンガーズ **called “idols” in Japan.** コーゥドゥアイドゥルズインジャパン
あなたの国にもアイドルはいますか？	**Do you have any idols** ドゥユゥハヴエニィアイドゥルズ **in your country?** インヨァカントリィ
あなたの国の若者文化について知りたいです。	**I’m interested in the** アイムインタレスティッドゥインザ **youth culture in your country.** ユースカォチュァインヨァカントリィ
日本では韓国のアイドルグループが人気です。	**Korean idol groups** カリィアンアイドゥルグループス **are popular in Japan.** アーポプゥラーインジャパン

私の兄は アイドルオタクです。	**My brother is an idol geek.** マイブラザーイズァン　アイドゥルギーク
秋葉原のメイドカフェへはもう行きましたか？	**Have you already** ハヴユゥオゥルレディ **been to the maid café in Akihabara?** ビィントゥザメイドカフェ　インアキハバラ
どんなジャンルの音楽を聴きますか？	**What kind of music do you listen to?** ホワットカインドオブミュージック　ドゥユウリスントゥ ▶ What type of music do you enjoy listening to? と言ってもよいでしょう。
Ｊ－ＰＯＰやロックをよく聴きます。	**I often listen to J-pop and rock.** アイオフンリスントゥ　ジェイポップエンドロック ▶ I listen to J-pop and rock a lot. と言うこともできます。
アニソンが好きです。	**I like animesongs.** アイライク　アニメソングス
最近はラップバトルにハマっています。	**Recently I've been into rap battles.** リィセンッリィ　アィヴビンイントゥラップバァトゥルズ
最近人気のアニメはラノベが原作のものもかなりあります。	**Many of the new anime** メニィオブザニューアニメ **were based on teenager's novels.** ワーベイスドオンティーンネイジャーズノヴェルズ
ラノベは比較的、タイトルが長い傾向にあります。	**The titles of teenager's novels are** ザタイトルズオブティーンネイジャーズノヴェルズアー **somewhat long.** サムホワットロング
村上春樹は大学生のときに読みました。	**As a college student,** アズアカレッジスチューデント **I read Haruki Murakami.** アイレッドハルキムラカミ
小説よりもマンガのほうをよく読みます。	**I read manga more than novels.** アイリードマンガ　モアザンノヴェルズ
好きな映画の原作は必ず読みます。	**I always read the original** アィオゥルウェィズリードゥズィオリジノル **of my favorite movie.** オブマイフェイヴァリィトゥムゥヴィ
あなたはどんな本を読みますか？	**What kind of books do you read?** ワッカィンドゥォブブックス　ドゥユゥリードゥ

コミケは年２回、 夏と冬に行われます。	**Comiket is held in** コミケットイズヘウドイン **both the summer and winter.** ボースサマーエンドウィンター
コミケは日本最大の オタクイベントです。	**Comiket is the biggest geek event** コミケッイッザ　ビッゲストギークイヴェント **in Japan.** インジャパン

音楽・読書・芸術に関する単語

歌謡曲	**popular song** パピュラーソング	ナツメロ	**oldies** オウルディーズ
ラップ	**rap** ラアプ	ラップバトル	**battle rap** バトゥルラアプ
ヘヴィメタ	**heavy metal** ヘヴィメトゥル	ヘッド バンギング	**headbanging** ヘッドバンギング
癒し系音楽	**soothing music** スーズィングミュージック	雅楽	**Japanese court music** ジャパニーズコーウトミュージック
小説	**novel** ノヴル	文庫本	**pocket edition book** パキットイディシャンブック
写真集	**photo book** フォトブック	絵本	**picture book** ピクチャァブック
古典	**classic novels** クラスィックノヴェルズ	戯曲	**drama** ドゥラマ
学園もの	**school life novels** スクールライフノヴェルズ	恋愛もの	**romance novels** ロマンスノヴェルズ
ベストセラー	**best-selling book** ベストセリングブック	ロングセラー	**long-selling book** ロングセリングブック
名作	**classic** クラスィック	傑作	**masterpiece** マスタァピース
展覧会	**exhibition** エクサビシャン	写真展	**photo exhibition** フォトエクサビシャン
巡回展	**traveling exhibition** トゥラヴェリングエクサビシャン	見本市	**trade fair** トゥレイドフェア
講演会	**lecture** レクチャ	無料体験 レッスン	**free trial lesson** フリートライアォレッスン

PART 11

もしものときのフレーズ集

困っている人がいたら

どうかしましたか？

What's happened?

ワッツハプンドゥ

Ⓐ ケガをしました。

I had an accident.

アィハッダン　アクスィデントゥ

Ⓑ お気の毒ですね。
お手伝いします。

Sorry, how can

ソォリィ　ハゥキャンナイ

I help you?

ヘルプユゥ

Ⓐ バリエーション

気分が悪くなりました。	I don't feel well. アイドントフィールウェル
頭が痛いです。	I have a headache. アイハヴアヘッデイク

起き上がれません。	**I can't stand up.** アイキャントスタンダップ
目が痛いです。	**One of my eyes hurts.** ワンノヴマイアイ　ハーツ
うまく呼吸ができません。	**I have difficulty breathing.** アイハゥディフィカルティブリージング
寒気が止まりません。	**I have the chills.** アィハヴダチルズ
暑くてボーッとします。	**I don't feel well. I have a fever.** アィドンフィールウェル　アィハヴァフィーヴァ
胸が苦しいです。	**My chest hurts.** マイチェストハーツ
のどに何か詰まりました。	**I have something in my throat.** アイハゥサムスィング　インマイスロート
足がつりました。	**I got a cramp in my leg.** アィガッタクランプインマィレッグ
車にはねられました。	**I got hit by a car.** アイガットヒットバイアカー

B バリエーション

うわっ！立てますか？	**Yikes! Are you able to stand?** ヤイクス　アーユウエイボォトゥスタンド ▶ yikes は驚いたときに口から出る言葉を表すスラングです。
ここは危ないので移動しましょう。	**Let's move, it's dangerous here.** レッツムーブ　イッツデンジャラスヒィイァ
救急車を呼ぶので、少し待ってください。	**Don't move, I'm calling an ambulance.** ドンムーヴ　アインムコーリング　アンアンビュランス ▶ ambulance は「救急車」の意味です。

体の部位

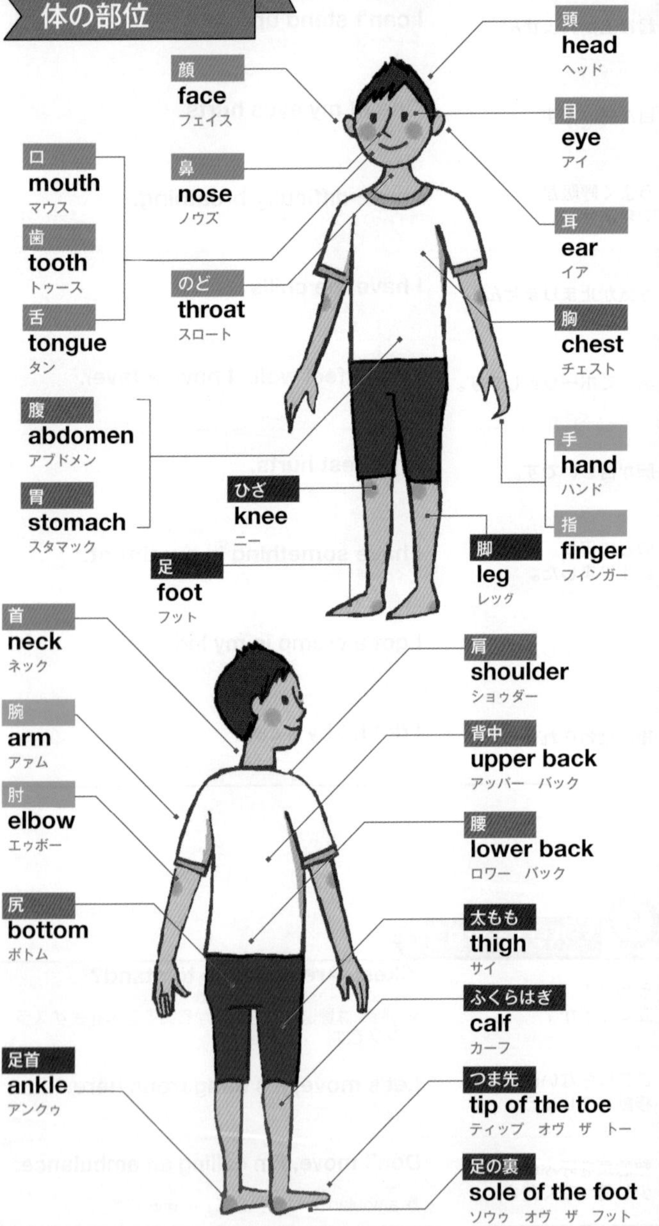

頭
head
ヘッド
顔
face
フェイス
目
eye
アイ
口
mouth
マウス
鼻
nose
ノウズ
耳
ear
イア
歯
tooth
トゥース
のど
throat
スロート
舌
tongue
タン
胸
chest
チェスト
腹
abdomen
アブドメン
手
hand
ハンド
ひざ
knee
ニー
胃
stomach
スタマック
指
finger
フィンガー
脚
leg
レッグ
足
foot
フット
首
neck
ネック
肩
shoulder
ショウダー
腕
arm
アァム
背中
upper back
アッパー　バック
肘
elbow
エゥボー
腰
lower back
ロワー　バック
尻
bottom
ボトム
太もも
thigh
サイ
ふくらはぎ
calf
カーフ
足首
ankle
アンクゥ
つま先
tip of the toe
ティップ　オヴ　ザ　トー
足の裏
sole of the foot
ソウゥ　オヴ　ザ　フット

症状にまつわる単語

吐き気	**nausea** ヌージー	めまい	**dizzy** ディズィー
腰痛	**backache** バックエイク	腹痛	**stomachache** ストマックエイク
動悸	**palpitation** パルピテイション	しびれ	**numbness** ナムブネス
骨折	**fracture** フラクチャー	捻挫	**sprain** スプレイン
打撲	**bruise** ブルイズ	脱臼	**dislocation** ディスロケイション
出血	**bleeding** ブリーディング	腫れ	**swelling** スウェリング
くしゃみ	**sneeze** スニーズ	せき	**cough** カフ
だるい	**sluggish** スラギッシュ	下痢	**diarrhea** ダイアリー
鼻水	**runny nose** ラニィノーズ	耳鳴り	**tinnitus** ティニタス
鼻血	**nosebleed** ノーズブリード	じんましん	**hives** ハイヴス
アレルギー症状	**allergic symptoms** アラジックシンプトンズ	生理中	**menstrual period** メンストラルピリオド

薬に関する単語

市販薬	**over-the-counter drug** オゥヴァザカウンタァドラッグ	内服薬	**internal medicine** インターナルメディスイン
鎮痛剤	**painkiller** ペインキラー	風邪薬	**cold remedy** コウルドレマディ
目薬	**eye drops** アイドロップス	点鼻薬	**nasal spray** ネィザルスプレィ
湿布薬	**compress** カンプレス	かゆみ止め	**itch relief** イッチリリーフ
のど飴	**cough drops** コフドロップス	栄養ドリンク	**energy drink** エナジードリンク

緊急時のフレーズ

災害や事故、トラブルなどの危険に遭遇したときに役立つフレーズです。緊急時にとっさに使えるよう覚えておきましょう。

逃げろ

Run!

ラン

その場から急いで離れたほうがよいときに使います。

危ない！

Watch out!

ワッチアウト

「気をつけて！」などの意味があり、声をかけて注意を引くことがおもな目的です。

伏せて！

Get down!

ゲッダウン

立っていると危ないときに使う表現です。

止まって！

Stop!

スタップ

それ以上進んではいけないときに使われます。

下がって！

Stand back!

スタンドバック

今いる位置から後ろに戻ってほしいときに使う言葉です。

いや！

Nope!

ノウプ

No. を強調したスラングです。公共の場では No. を使いましょう。

やめてください。

Don’t do that.

ドンドゥーダッ

もっとも伝わりやすい制止のフレーズです。子どもに対してよく使われます。

触らないでください。

No touching please.

ノータッチング
プリイズ

don’t touch よりも no touching のほうがより強い否定になります。

ついてこないでください。

Don't follow me.

ドントゥファロゥミィ

フォロワーでおなじみの follow は「後について行く」「追う」の意味があります。

ちょっと待ってください。

Wait a second.

ウェイトアセカンド

wait a second. は秒単位、wait a minute は分単位で待ってほしいとき、と使い分けます。

私ではありません。

It wasn't me.

イットワズントミー

誰の行いか問われたときや、犯人扱いされたときに使われるフレーズです。

トラブル・災害

❗財布をなくしました。	**I can't find my wallet.** アイキャントファインドマイウォレット ▶ lostだと「失くしてしまってもう戻らない」というニュアンスです。
席がわからなくなりました。	**I can't find my seat.** アイキャントファインドマイスィート ▶ I don' t know ～は「～というものの知識がない」というニュアンスになります。
携帯電話をどこかに置き忘れました。	**I can't remember where** アイキャントリメンバー　ウウエェア **I put my phone.** アイプットマイフォン
子どもとはぐれました。	**My child is lost.** マイチャイウド　イズロスト
ぶつかったひょうしに転んで頭から血が出ました。	**When I fell and bumped my head,** ウウエンアイフェォエンドバンプトゥマイヘッド **it started bleeding.** イットスターティドブリーディング ▶ fall「倒れる」、bump「ぶつかる」、bleed「出血する」という意味があります。
かばんを盗まれました。	**Someone took my bag.** サムワントゥックマイバッグ ▶ 誰かが自分のものとまちがえて持ち去った可能性があるため、takeのほうが無難です。
❗警察を呼んでください。	**Can you please call the police?** キャンニュープリーズコーゥザポリス
交番に行きましょう。	**Let's go to the police station.** レッツゴウトゥザポリスステイション
状況を説明してくれませんか？	**Can you describe it?** キャンニューディスクライブイット
くわしく教えてください。	**Can you tell me more details about it?** キャンニューテルミーモアディテイルズ　アバウテイット

もう一度確認します。	**Let me check again.** レッミィチェック　アゲイン
係員に相談しましょう。	**Let's talk to the attendant.** レッツトークトゥズィアテンダント
どいてください。	**Move aside.** ムーヴアサイ
こっちに来ないでください。	**Stay there.** ステイゼアー
ほっといてください。	**Please leave me alone.** プリーズリーブミーアローン
私は無実です。	**I'm not guilty.** アインムノットギォティー
私には理由（動機）がありません。	**I have no motive.** アイハヴノーモティーヴ
私は被害者です。	**The crime was against me.** ザクライムワズ　アゲインストミー
台風で電車が運休するそうです。	**Due to a typhoon, the trains are not** デュートゥアタイフーン　ザトレインズアーノット **running or in service.** ランニングオアインサーヴィス
火事です！ここから離れてください。	**Fire! Leave now.** ファイヤー　リーヴナアウ ▶災害時はできるだけ短い言葉で伝えることが重要です。
地震です！窓から離れて頭を守ってください。	**Earthquake!** アースクエイク **Take cover your head now and** テイクカバーヨアヘッナアウエンド **stay away from the windows.** ステラウェイ　フロムザウィンドウ

エレベーターは 使えません。 階段を使ってください。	**You can't use the elevator.** ユウキャントユーズジエレヴェイター **Take the stairs.** テイクダステアーズ
噴火が起きたので、 ここから先は 入れません。	**No entrance due to an eruption.** ノーエントランス　デュートゥーアンイラプション ▶ eruption は「噴火」です。
ER（救急救命室）を 探しています。	**I'm looking for the emergency room.** アィムルッキンフォーズィ　イマージャンシィルーム
旅行保険に 入っています。	**I have travel insurance.** アィハヴ　トゥラヴェォインシュァランス

トラブル・災害にまつわる単語

落雷	**lightning strike** ライトニング　ストライク	大雪	**heavy snow** ヘヴィースノウ
洪水	**flood** フラッド	大雨	**heavy rain** ヘヴィーレイン
高波	**high seas** ハイシーズ	高潮	**storm surge** ストームサージ
津波	**tidal wave** タイダルウェーブ	濃霧	**really thick fog** ゥリィアゥリィシックフォッグ
雪崩	**avalanche** アヴァランス	がけ崩れ	**landslide** ランドスライド
竜巻	**tornado** トルネイド	テロ	**act of terror** アクトオブテラー
爆発	**explosion** エクスプロージョン	交通事故	**car accident** カーアクシデント
事件	**incident** インスィデント	通り魔	**random attacker** ランダァムアタッカー
立てこもり	**a barricaded suspect** アバリケイディッド　サスペクト	脱線	**derailed train** ディレイルドウトゥレイン
ケンカ	**fight** ファイツ	発砲事件	**shooting** シュウティング

付録

- 英和辞書
- 和英辞書

英和辞書

A

above ~ アバァヴ	~の上
accountant アカウンタント	会計士
actor アクター	俳優
add アドゥ	加える
address アドレス	住所
admission アドゥミッション	入場料
adult アダゥト	大人
advertising agency アドゥヴァタァイズィング　エィヂャンシィ	広告代理店
again アゲイン	再び
age エイジ	年齢
agricultural area アグリカルチュアルエァリア	農業地帯
air conditioner エァ　コンディショナ	冷房
airlines エアラァインズ	航空会社
album アォバム	アルバム
alcohol アゥコホーゥ	アルコール
all right オーゥライト	大丈夫
allergy アラジー	アレルギー
almond アーマァンドゥ	アーモンド
aluminum アルミニウム	アルミ
always オゥウェイズ	いつも
animation アニメイション	アニメ
annex アネックス	別館
anniversary アニヴァーサリー	記念日
another serving アナザァサーヴィング	おかわり
answer アンサー	答える
antique store アンティークストォア	骨とう品店
apartment アパートメント	アパート
apartment manager アパートメント　マァニィヂャ	マンション管理士
apparel industry アパァレォ　インダストリィ	アパレル業界
appetite アパタイト	食欲
applause アプローズ	拍手

apple エアボゥ	リンゴ
appreciate アプリシエイト	感謝する
architect アーキテェクトゥ	建築士
area エァリア	地域
art museum tour アートミューズィアムトゥアー	美術館巡り
art supplies store アートサァプラァイズ ストォア	画材店
artistic アーティスティック	芸術的な
arugula アルギュラ	ルッコラ
Atlantic Ocean アトランティックオーシェン	大西洋
atrium エィトゥリィウム	吹き抜け
attachment アタッチメント	添付ファイル
attractive アトゥラァクティイヴ	魅力的な
autograph オートグラフ	サイン(有名人)
average アヴェレイジ	平均
awfully ァオウフリィ	非常に／ひどく
azalea アゼェィリャア	ツツジ

B

baggage バゲッジ	荷物
baking bread ベイキング ブレッド	パン作り
balcony バウカニ	バルコニー
ball ボーォ	球
bamboo バンブー	竹
banana バァナァナァ	バナナ
bank バンク	銀行
barber バァーバァ	理容師
basement ベイスメント	地下
basketball バスキットボール	バスケットボール
bath バス	風呂
bath towel バースタウゥ	バスタオル
bathroom バースルーム	浴室
bathtub バースタブ	浴槽
battery バテリー	乾電池
be lost ビーロスト	迷子になる
be sharp ビーシャープ	とがっている
bean sprouts ビーンスプラァウツ	モヤシ
bear ベェアー	クマ

beautiful ビィュウティフォ	美しい
bed ベッド	ベッド
bedroom ベェドウルウーム	寝室
bedspread ベッドスプレッド	ベッドカバー
beer ビア	ビール
bicycle バァイシィクォ	自転車
big ビッグ	大きい
big city ビッグシティ	大都市
bill ビォ	紙幣
birthday バースデイ	誕生日
black pepper ブラックペッパー	黒こしょう
black tea ブラックティー	紅茶 (ストレート)
bland ブランド	薄い（味）
blanket ブランケット	毛布
blood type ブラッドタイプ	血液型
boiled fish ボイルドフィッシュ	煮魚
bookstore ブックストォア	書店
border ボォーダァ	国境

borrow ボロウ	借りる
bound for ～ バウンドフォ	～行き
bowl ボウル	ボウル
bread ブレッド	パン
breakfast ブレクファスト	朝食
breezy ブリーズィ	風がある
bridge ブリィージィ	橋
bright ブライト	明るい
brilliant ブリリアント	鮮やかな
bug バグ	虫
building ビュディング	建物
burdock バァーダァク	ゴボウ
bus stop バス　ストップ	バス停
business book ビズィネス　ブック	ビジネス書
business shirt ビジネスシャート	ワイシャツ
busy ビジィ	忙しい
buy バイ	買う

C

cabbage キャベッジ	キャベツ
café カフェ	カフェ
cake ケイク	ケーキ
camellia カァミィーリャァ	ツバキ
camera キャメラ	カメラ
camouflage カァマァフラァージュ	迷彩柄
cancel キャンセゥ	取り消す
cancellation fee キャンセレーション　フィー	キャンセル料
car manufacturer カーマァニュゥファクチャラァ	自動車メーカー
carbonated water カァバァネエイトゥ　ウォタァ	炭酸水
carpenter カァーペンタァ	大工
carrot キャロッ	ニンジン
cash キャッシュ	現金
castle tour キャッソー　トゥアー	城巡り
chair チェア	いす
change チェインジ	おつり／小銭
charger チャージャ	充電器
cheap チィーブ	安い／安っぽい
check チェック	会計
cherry チェリィ	サクランボ
cherry blossoms チェリーブロッサムズ	桜
cherry tomato チェリィ　タァメェイトォウ	ミニトマト
children's clothes チゥドレンズクロォウズ	子ども服
children's room チゥドレンズルーム	子ども部屋
chilly チリィ	肌寒い
choose チューズ	選ぶ
chopsticks チョップスティックスァ	箸
cicada シィケェィダァ	セミ
cilantro/coriander シアントロゥ/コリアンダー	パクチー
circle サークォ	円
city シティ	市／中心地
classic music クラァシィクミューズィッ	クラシック音楽
clean クリーン	掃除する
cleaning company クリィーニィングカンパニィ	清掃会社
clock クロック	時計

cloth クロォース	布
clothes クロォウズ	服
cloudy クラウディ	曇り
coat コート	まぶす
cockroach コクローチ	ゴキブリ
cocktail カァクテェイル	カクテル
coffee カフィー	コーヒー
coin コイン	硬貨
coke コーク	コーラ
cold コーウド	寒い／冷たい／風邪
color カラー	色
comfortable カンファタブォ	心地よい
compare コンペーァ	比べる
computer コンピュータ	パソコン
condiments コンディメンツ	薬味
cone コーン	円すい
convenience store コンヴィニエンスストォァ	コンビニ
conversation カンバセイション	会話
cook クック	料理人
cooking クッキング	調理
cool クウォ	涼しい／涼しげな／ひんやり
copper カパ	銅
coral コォーラアル	珊瑚
corn コーン	トウモロコシ
cosmetic company コスメティク　カンパニィ	化粧品会社
cosmetic shop コスメティク　ショップ	コスメショップ
cost コウスト	費用
cotton コットン	綿
country town カントゥリータウン	田舎町
courtyard コォーテャアードウ	中庭
cover with カヴァーウィズ	まぶす
crab クラァブ	カニ
cream puff クリームパフ	シュークリーム
credit card クレディットカード	クレジットカード
cube キュウーブ	立方体
cucumber キュウーカァンバァ	キュウリ

culture カウチャー	文化
curator キュウレエイタア	学芸員
curtain カアートゥン	カーテン
cut カアット	切る
cute キュート	かわいい
cutting board カッティングボード	まな板
cylinder シィリィンダァ	円柱

D

daily goods デイリーグッズ	日用品
dairy farmer デェアリィ　ファーマァ	酪農家
dandelion ダァンデアラァイアン	タンポポ
dark ダーク	暗い／濃い
dark blue ダークブルー	紺色
deer ディィア	シカ
delicate デェリィケイトゥ	華奢（きゃしゃ）な
delicious デリシャス	おいしい
delivery business ディィリィヴァリィ　ビズィネス	配送業
dentist デェンティィストゥ	歯科医
department store デパートメントストォア	百貨店
desert デザート	砂漠
desk デスク	机
dessert デザート	デザート
dictionary ディクショナリ	辞書
dinner ディナ	夕食
dirty ダーティ	汚い
disappointed ディィサァポォインテイィドゥ	がっかり
discount ディスカウント	値引き
discount coupon ディスカウントクーポン	割引券
disease ディジーズ	病気
district ディストリクト	地区
doctor ダァクタァ	医者
dog ドォグ	犬
dogwood ダァグウウドゥ	ハナミズキ
downtown ダウンタウン	中心地
dressing ドゥレェシィング	ドレッシング
dressing room ドレッシングルーム	更衣室

drink ドゥリンク	飲む／お酒を飲む／飲みもの
drive ドゥライブ	運転する
driver ドゥライヴァー	運転手
drop ドゥロップ	落とす
drugstore ドラッグストォア	ドラッグストア
dry ドゥライ	乾燥する／乾燥した
dry cleaning/laundry ドゥライクリーニング／ラウンドリー	クリーニング
duck ダック	カモ
dumpling ダァンプリィン	だんご

E

easy イージー	かんたんな
eat イート	食べる
egg エッグ	卵
eggplant エグプラァントゥ	ナス
electricity イレクトリシティ	電気
electronics company イレェクトゥラァニィクス カンパニィ	電機メーカー
electronics store イレクトロニクスストォア	家電量販店
elephant エラァファントゥ	ゾウ
ellipse エリプス	だ円
embassy エンバシー	大使館
embroidery インブロォイダァリィ	刺繍
emergency button エマージェンシー バトゥン	非常ボタン
emergency exit エマージェンシー イグジットゥ	非常口
entrance エントランス	玄関／入り口
envelope エンヴェロウプ	封筒
expensive イクスペンシブ	（値段が）高い
express イクスプレッス	特急／急行
eyedrops アイドロップス	目薬

F

fabric store ファブリィクストォア	生地店
familiar ファミリィヤ	なじみがある
far ファー	遠い
farmer ファーマァ	農家
fast ファスト	速い
faucet フォセット	蛇口
favorite フェイバリッ	お気に入りの

fever フィーヴァー	熱
field フィールドゥ	畑
find ファインド	見つける
finely chop ファィンリィ　チョップ	細かく刻む
first scheduled train ファーストスケジュルドゥ　トゥレイン	始発
fish フィッシュ	魚
fisherman フィッシャーマアン	漁師
fitting room フィッティングルーム	試着室
fix フィックス	修理する
flashy フラァシィ	派手
flight attendant フライトアテンダント	客室乗務員
floor フロア	床
floral フロォーラアル	花柄
folk art store フォークアートストォア	民芸品店
food フード	食べもの
food company フードカンパニィ	食品会社
food sample フードサンプォ	食品サンプル
football フットボーゥ	サッカー(英)
foreign フォーレン	外国の
foreigner フォーレナー	外国人
forget フォァゲットゥ	忘れる
fortune teller フォーチュンテェラァ	占い師
four-sided pyramid フォゥサァイディドゥ　ピィラァミィドゥ	四角すい
free フリー	無料の
freeze フリーズ	凍る
fresh cream フレッシュクリーム	生クリーム
fridge フリッジ	冷蔵庫
fried food フラァイドゥフードゥ	揚げもの
frozen フローズン	冷凍
frying pan フライングパン	フライパン
fun ファン	楽しい
funeral フュゥーナァラアル	葬式
fur ファー	毛皮

G

garage ガラージ	車庫
garbage ガーベッジ	ごみ

garbage can ガーベッジカン	ごみ箱
garden ガーデン	庭
gardener ガァードゥナァ	庭師
garlic ガァーリィク	ニンニク
gas and food station ガス　エンド　フードゥ　ステイション	サービスエリア
geometric pattern ヂィーアメェトゥリィク　パァタァン	幾何学模様
get angry ゲッアングリィ	怒る
get in ゲリン	乗る（車、タクシー）
get off ゲトッフ	降りる
get up ゲラップ	起きる
ginger ジンジャー	ショウガ
ginkgo ギィンコォウ	イチョウ
glad グラッド	うれしい
glass グラァス	ガラス
glasses グラーシズ	メガネ
glittery グリッタリィ	きらきらした
gloves グラヴズ	手袋
go ゴウ	行く

go home ゴー　ホウム	帰る
golf ガァオフ	ゴルフ
gorilla ガァリィラァ	ゴリラ
grape グレェイプ	ブドウ
grapefruit グレェイプフルゥ	グレープフルーツ
great グゥレイッ	とてもよい
green onion グリーン　アニャアン	長ネギ
green pepper グリーンペッパー	ピーマン
green tea グリーンティー	緑茶
groceries グロォウサァリィズ	食料品
grocery store グロォウサリィ　ストォア	スーパーマーケット
group グループ	団体
gym ジム	スポーツジム

H

hail ヘイォ	あられ
hailstones ヘェイルストォウンズ	雹（ひょう）
hair ヘア	毛／髪
hair dryer ヘァドライヤー	ドライヤー

hair salon	ヘァサロン	美容院
half	ハーフ	半分
half circle	ハーフサークォ	半円
hand rail	ハンドレイル	手すり
handicraft store	ハァンディィクラァフトゥ　ストォア	手芸店
handkerchief	ハンカチーフ	ハンカチ
happy	ヘェアピィ	幸せ
hard	ハード	硬い
hard-boiled	ハードボイゥド	固ゆで
hat	ハット	帽子
have a rest	ハヴァレスト	休む
healthy	ヘォシー	健康的な
heart shape	ハートシェイプ	ハート形
heater	ヒーター	暖房
heavy	ヘヴィ	重い
help	ヘォプ	助ける
hemisphere	ヘェミィスフィア	半球
hemp	ヘンプ	麻
heptagon	ヘェプタァガァン	七角形
heron	ヘェラァン	鷺(さぎ)
hexagon	ヘキャゴン	六角形
high	ハイ	(高さが) 高い
highway	ハイウェイ	高速道路
hobby	ホビー	趣味
holiday	ホリデイ	休暇
horizontal stripes	ホォーライザァントゥル　ストゥライプス	横じま
horoscope	ホォーラァスコォウプ	占い
horse	ホース	ウマ
horse racing	ホース　レェイシィング	競馬
hospital	ホスピタゥ	病院
hot	ハッ	熱い／暑い／からい
hot towel	ハッ　タウゥ	おしぼり
hot water	ハッ　ワラー	湯
hours	アウワズ	営業時間
house	ハウス	家
housekeeper	ハァウスキィーパァ	家政婦

housewife ハウスワイフ	主婦
humid ヒュミッド	湿度の高い
humidifier ヒューミディファイア	加湿器
hurry ハリィ	急ぐ

I

ice アイス	氷
ice cream アイスクリィーム	アイスクリーム
industrial area インダストゥリルエァリア	工業地帯
injury インジャリー	けが
ink インク	墨
innovative イナァヴァティーヴ	斬新な
inspection インスペクション	検査
interior shop インティィアリィア ショップ	インテリアショップ
intersection インターセクション	交差点
introduce イントロディユウス	紹介する
investment company インヴェストゥマァントゥ カンパニィ	投資会社
iris アイリス	アヤメ
iron アイアン	鉄／アイロン
island アイランド	島

J

Japanese chestnut ジャパニィイズ チェスナァトゥ	クリ
Japanese food ジャパニィイズ フード	和食
Japanese radish ジャパニィイズ ラァディイシュ	大根
Japanese-style room ジャパニィイズ スタイル ルーム	和室
jealous ヂェラァス	うらやましい
jelly ジェリィ	ゼリー
juicy ヂューシィ	汁気の多い
just right ジャストライト	ちょうどいい

K

key キー	鍵
killer whale/orca キィラァホエイル/オルカ	シャチ
kind カインド	親切な
kitchen キッチン	台所
kitchen knife キッチンナイフ	包丁
knead ニード	練る
knitting ニィティィング	編みもの

L

lake レイク	湖
landmark ランドマーク	目印
large ラージ	大きい
last stop ラストスタップ	終点
last train ラストトゥレイン	終電
late レイト	遅れた
laundromat ラウンドロメット	コインランドリー
LCD screen エルシーディー　スクリーン	液晶画面
lead レッドゥ	鉛
leather レザァ	革
lemon レェマアン	レモン
lend レンド	貸す
leopard pattern レオパードパァタアン	ヒョウ柄
letter レタ	手紙
letter paper レターペイパー	便せん
lettuce レェティイス	レタス
librarian ラァイブレェアリィアン	司書
lid リイドゥ	ふた
light ライト	軽い
lightning ライトニング	雷
line ライン	列
living room リビングルーム	リビング
local train ローカォトゥレイン	各駅停車
long ロング	長い
look for ルックフォ	探す
loose ルーズ	ゆるい
lose ルーズ	なくす
lotus root ロォウタァスルウート	レンコン
low ロー	低い
lucky charm ラキチャーム	お守り

M

magazine マァガァズィーン	雑誌
magic マジィク	手品
main building メインビュディング	本館
making sweets メイキング　スウィーツ	お菓子作り

mandarin orange マンダリン　オーリィンヂ	みかん
manga artist マンガアーティスト	漫画家
map マップ	地図
mayonnaise メェイアネェイズ	マヨネーズ
meal ミーォ	食事
measure メジャ	測る （長さ・距離）
mechanic メァカァニィク	整備士
medicine メディスン	薬
memory メモリィ	思い出
men's clothing メンズクロージング	紳士服
metal メタォ	金属
mild マァイオドゥ	おだやか
miso soup ミソスープ	みそ汁
miss ミィス	会えなくて さみしい
mistake ミステイク	まちがい
mix ミックス	まぜる
mobile phone モバイゥフォウン	携帯電話
moist モイスト	しっとり
money マニー	お金
mountain マウンテン	山
mountain climbing マウンテン　クラァイミィング	登山
mountain range マウンテンレィンジ	山脈
mousse ムゥース	ムース
muddy マァディイ	どろどろ
mushroom マァシュルゥーム	キノコ
music ミューズィック	音楽
musical performance ミューズィカル　パァフォーマァンス	楽器演奏

N

nail clipper ネイォ　クリッパー	爪切り
narrow ナェロウ	狭い
neat ニート	きちんとした
new ニィュウ	新しい
newspaper company ニィュウーズペェイパァ　カンパニィ	新聞社
no seats available ノーシィーツ　アベイラボォ	満員
noisy ノィズィ	うるさい
non-smoking table ノンスモーキングテーボォ	禁煙席

novel ノヴェル	小説
novelist ノヴェリスト	小説家
now ナェウ	今
nurse ナース	看護師

O

occupied オキュパイド	使用中
octagon アクタァガァン	八角形
odor オゥダァ	におい
office worker オフィスワーカー	会社員
old-fashioned オールドファァッションド	古風な
olive オリーヴ	オリーブ
olive oil オリーヴオイル	オリーブオイル
one-way ワンウェイ	片道
onion アニャアン	タマネギ
oolong tea ウーロォーンティー	ウーロン茶
open オウプン	開ける
orange オーリィンヂ	オレンジ
orange juice オーリィンヂュース	オレンジジュース
order オーダー	注文

P

Pacific Ocean パェシフィクオーシャン	太平洋
painkiller ペインキラー	痛み止め
painter ペェインタァ	画家
pale ペェイォ	淡い／顔色が悪い
paper ペイパー	紙
paper bag ペイパーバッグ	紙袋
parallel パァラァレェォ	平行
parfait パァルフェ	パフェ
park パーク	公園
parking パーキング	駐車場
parsley パァースリィ	パセリ
passenger パッセンジャー	乗客
pay ペイ	支払い／払う
peach ピィーチ	モモ
peanut ピィーナッ	落花生
peel ピーォ	皮をむく

peeler ピーラー	ピーラー	**plastic** プラスティック	プラスチック／ビニール
pen ペン	ボールペン	**plate** プレイト	皿
penguin ペェングウィン	ペンギン	**plateau** プレイトォウ	台地
peninsula ペニンシュラ	半島	**plum** プラアム	梅
pentagon ペンタゴン	五角形	**plum wine** プラアムワアイン	梅酒
persimmon パァシイモアン	柿	**poet** ポォウイト	詩人
pharmaceutical company ファーマァスゥーティィカアル　カンパニィ	製薬会社	**poetry** ポォウイトゥリィ	詩
pharmacy ファーマシィ	薬局	**police** ポリース	警察
photo album フォトアォバアム	写真集	**police officer** ポリースオフィサー	警察官
picture ピクチュア	絵／写真	**polka dot** ポォウルカアドォツトウ	水玉
picture book ピクチャブック	絵本	**porcelain** ポォーサアリィン	磁器
pigeon ピィヂョン	ハト	**post office** ポァストゥオフィス	郵便局
pillar ピィラァ	柱	**postcard** ポストカード	ハガキ
pillow ピロウ	枕	**pot** ポット	鍋
pineapple パァイナァポォ	パイナップル	**potato** ポテエイトオウ	ジャガイモ
plaid プレイド	チェック柄	**pottery** パァタァリィ	陶器／陶芸
plain プレーン	平野／無地／野暮ったい	**power outage** パワァアウティッジ	停電
plane プレイン	平面	**pressure cooker** プレェシャ　クゥカァ	圧力鍋

price プライス	値段
printing company プリィンティィング　カンパニィ	印刷会社
priority seat プライオリティシート	優先席
private room プライヴェットルーム	個室
promise プロミス	約束
proofreader プルゥーフリィーダア	校正者
proud プラアウドウ	誇らしい
provincial city プロヴィンシャルシティ	地方都市
psychological counselor サァィカアラァヂィカアォ　カアゥンサラァ	心理カウンセラー
publisher パァブリィシャ	出版社
pudding プゥディィング	プリン
pull プゥォ	引く
pulp パルプ	つぶつぶ
purple パァープォ	紫
purpose パーパス	目的
push プッシュ	押す

Q

quality クォリティ	品質
quiet クワイエット	おとなしい

R

railroad crossing レェイルロォウドウ　クロッシィング	踏切
railway company ウレエイォウエイ　カンパニィ	鉄道会社
rain ウレイン	雨
rainbow ウレエィンボォウ	虹
raisin レェィズン	干しブドウ
ramen shop ラーメンショップ	ラーメン店
ranch ラアンチ	牧場
rapid train ラピッドウトゥレイン	快速列車
rattan ラタアン	籐
razor レイザー	カミソリ
real-estate company リォイステエイトウ　カンパニィ	不動産会社
receive リシーヴ	受け取る
receptionist リィセエプシャニィストゥ	受付係
rectangular レエクタアングュウラア	長方形／直方体
red pepper レッドペッパー	トウガラシ
refreshing リィフレエシィング	さわやか

refuse リフューズ	断る
region リィージョン	地域
regular triangle ウレギュラー　トライアングォ	正三角形
remember ウリメンバー	思い出す
researcher ウリィサァーチャ	研究者
reservation ウレザヴェイション	予約
residential area ウレジデンシャルエァリア	住宅街
resin ウレエズィン	樹脂
restaurant レストラン	レストラン
restroom ウレストルーム	トイレ（婉曲表現）
rice ウライス	ごはん
rice cake ウライスケイク	もち
rice crisps and nuts ウライスクリスプス エンナッツ	柿の種
rice paddle ウライスパァドウル	しゃもじ
right angle ウライトアングル	直角
ring ウリング	指輪／輪／鳴る／鳴らす
river ウウリバー	川
road ウロウド	通り
roof ウルーフ	屋上
rough ウラァフ	ざらざら
round trip ウラウンドトゥリップ	往復
rugby ウラグビー	ラグビー
rustling ウラァスリィング	さらさら

S

sad サァドウ	悲しい
sake サキ	日本酒
salad サラッド	サラダ
salt ソォト	塩
same セイム	同じ
sample サンプォ	見本
sardine サーディン	イワシ
sauce ソォウス	ソース
say セイ	言う
schedule スケジュール	時刻表
sea シー	海
sea otter シーアタァ	ラッコ

secret シークレット	秘密
secretary セエクラアテエリィ	秘書
securities company セキュリティィズ　カンパニィ	証券会社
security company セキュリティ　カンパニィ	警備会社
Self-Defense Forces member セルフディィフェンスフォーシズメンバー	自衛隊員
selfie stick セォフィースティック	自撮り棒
sell セォ	売る
send センド	送る
separate セパレイト	分ける
sesame セサミ	ごま
shark シャーク	サメ
shaved ice シェイブドゥアイス	かき氷
shellfish シェォフィシュ	貝
shiny シャイニー	光沢がある
shoes シューズ	靴
shop clerk ショップクラーク	店員
short ショート	短い
shy シャアイ	シャイ
sick スイック	病気／具合が悪い
signage サァイネイジ	看板／標識
signal outage シグナォアウティージ	信号機故障
silk シイオク	絹
silver シォバー	銀
sing スィング	歌う
size サイズ	大きさ
sleepy スリーピー	眠たい
slender スレンダー	細長い
slippery スリッパアリィ	つるつる
small スモーォ	小さい
smog スモォウグ	スモッグ
smooth スムース	すべすべ
snow スノウ	雪
sober ソバー	渋い／地味
soccer サッカー	サッカー(米)
soft ソフト	やわらかい
soggy ソギー	ねっとり

solid ソリッド	立体
some サム	いくつかの
song ソング	歌
southern part サァザァンパート	南部
souvenir スーヴェニァ	お土産
sparrow スパァロォウ	スズメ
spatula スパァチュラァ	へら
spinach スピィニッチ	ホウレンソウ
square スクエア	角ばっている／四角形／正方形
stadium ステイディウム	スタジアム
staffing company スタァフィング カンパニィ	人材派遣会社
stairs ステアーズ	階段
stamp スタンプ	切手
star shape スターシェイプ	星形
state ステイト	州
station ステイション	駅
station staff ステイションスターフ	駅員
stationery ステイショネリ	文房具
steam スティーム	蒸し焼きにする
steel スティイーォ	鋼
stir fry ステアフライ	炒める
storage ストレイジ	収納
storm ストーム	嵐
strawberry ストゥロォーベェリィ	いちご
stroller ストローラー	ベビーカー
student ストゥーデント	学生
study スタディ	勉強する／書斎
stuffed animal スタッフドゥエニマォ	ぬいぐるみ
stylish スタイリッシュ	おしゃれな
suburbs サバーブス	郊外
subway サブウェイ	地下鉄
sugar シュガァ	砂糖
suit スーット	スーツ
sundae サンディ	パフェ
sunflower サンフラァウア	ヒマワリ
sunny サニー	晴れ

sunshade サンシェイド	日よけ
surfing サァーフィン	サーフィン
sweet potato スウィートポテエイト	サツマイモ
sweet sake スウィートサキ	甘酒
swimming スウィミング	水泳

T

table テイボォ	テーブル
table tennis テイボォ　テェニィス	卓球
taste テイスト	味
taxi タクスィ	タクシー
teacher ティーチャー	教師
temperature テンプレチャ	温度
tennis テェニィス	テニス
tension テェンション	張り／緊張
that/those ザァット／ゾウズ	あれ／あれら
the day after tomorrow ザデイ　アフタトゥモロー	あさって
the day before yesterday ザデイ　ビフォーイエスタデイ	おととい
there ゼアー	あそこに
thermometer サーモミーター	体温計
thick スィック	厚い／太い
thin スィン	薄い／細い
think スィンク	思う
thirsty サァースティィ	のどが渇いている
this/these ディス/ディーズ	これ／これら
ticket ティケット	切符
ticket gate ティケットゲイト	改札
tie タイ	ネクタイ
tiger タイガー	トラ
tight タィット	きつい（窮屈な）
tired タイアーッ	疲れた
tissue ティシュー	ティッシュペーパー
today トゥデイ	今日
together トゥゲザー	一緒に
tomato タァメェイトォウ	トマト
tomorrow トゥモロー	明日
toothbrush トゥースブラシュ	歯ブラシ

toothpaste トゥースペイスト	歯磨き粉
total トータォ	合計
towel タウォゥ	タオル
toy store トイストォア	玩具店
trading company トゥレェィディィング カンパニィ	商社
transfer トランスファー	乗り換え
transit トランジット	乗り継ぎ
transparent トランスペアレント	透明な
trash トラッシュ	ごみ
trash can トゥラァシュキャァン	ごみ箱
travel agency トゥラヴェルエィジェンシィ	旅行代理店
triangle トゥラァィアングゥォ	三角形
triangular pyramid トゥラァィアングゥラァ ピィラァミィドゥ	三角すい
tuna トゥナ	マグロ
turn over ターンオウバー	ひっくり返す
turtle タァートゥォ	カメ
typhoon タイフゥウン	台風

U

underwear アンダウェア	下着
used clothes shop ユーズドゥクロォウズショップ	古着ショップ
useful ユースフォ	便利

V

valley ヴァリィ	渓谷／谷
valuables ヴァリュアボォズ	貴重品
vegetables ヴェジタブォズ	野菜
vending machine ヴェンディィングマスィーン	自動販売機
vertical ヴァーティィカァォ	垂直
vertical stripes ヴァーティィカォルストゥラァイプス	縦じま
visit ヴィジットゥ	訪れる

W

waiting room ウェイティングルーム	待合室
walk ウォーク	歩く
walking ウォーキング	散歩
walking bridge ウォーキングブリッジ	歩道橋
wall ウオーォ	壁

wallet ウォレット	財布
walnut ウォールナット	クルミ
warm ウワァンム	暖かい
washcloth ウォッシュクロォ	手ぬぐい
watch ウォッチ	腕時計
water ウォタァ	水
watermelon ウォターメエラォン	スイカ
weather forecast ウェザフォーキャスト	天気予報
wedding hall ウェディィングホール	結婚式場
western part ウェスタァンパート	西部
whale ホエォ	クジラ
wheelchair ホウィーゥチェー	車いす
wide ゥワイドゥ	広い
wind ウィンドゥ	風
wolf ウルフ	オオカミ
women's clothing ウィメンズクロージング	婦人服
wood ウウドゥ	木
work ワァク	仕事
worried ウォーリィイドゥ	心配している
wrap ウラップ	包む

Y

yesterday イエスタデイ	昨日

Z

zookeeper ズーキーパー	飼育員

和英辞書

あ

アーモンド	almond アーマアンドゥ
アイスクリーム	ice cream アイスクリィーム
アイロン	iron アイアン
明るい	bright ブライト
揚げもの	fried food フラァイドゥフードゥ
開ける	open オウプン
麻	hemp ヘンプ
あさって	the day after tomorrow ザデイ　アフタトゥモロー
鮮やかな	brilliant ブリリアント
味	taste テイスト
明日	tomorrow トゥモロー
あそこに	there ゼアー
暖かい	warm ウワァンム
新しい	new ニィュウ
厚い	thick シック
熱い／暑い	hot ハッ
圧力鍋	pressure cooker プレェシャ　クゥカァ
アニメ	animation アニメイション
アパート	apartment アパートメント
アパレル業界	apparel industry アパァラァル　インダァストゥリィ
甘酒	sweet sake スウィートサキ
編みもの	knitting ニィテイィング
雨	rain ウレイン
アヤメ	iris アイリス
嵐	extremely rainy/storm イクストゥリィムリィ　ウレイニイ／ストーム
あられ	hail ヘイォ
歩く	walk ウォーク
アルコール	alcohol アウコホーゥ
アルバム	album アオバム
アルミ	aluminum アルミニウム
あれ／あれら	that/those ザットゥ／ゾウズ

アレルギー	**allergy** アレジー
淡い	**pale** ペエイル

い

言う	**say** セイ
家	**house** ハウス
～行き	**bound for ～** バウンドフォ
行く	**go** ゴウ
いくつかの	**some** サム
医者	**doctor** ダアクタア
いす	**chair** チェア
忙しい	**busy** ビジィ
急ぐ	**hurry** ハリィ
痛み止め	**painkiller** ペインキラー
炒める	**stir fry** ステアフライ
イチゴ	**strawberry** ストゥロォーベエリィ
イチョウ	**ginkgo** ギィンコォウ
一緒に	**together** トゥゲザー
いつも	**always** オーゥウエイズ
田舎町	**country town** カントゥリータウン
犬	**dog** ドォグ
今	**now** ナエアウ
入り口	**entrance** エントランス
色	**color** カラー
イワシ	**sardine** サーディン
印刷会社	**printing company** プリィンティィング　カンパニィ
インテリアショップ	**interior shop** インティィアリィア　ショップ

う

ウーロン茶	**oolong tea** ウーロォーンティー
～の上	**above~** アバヴ
受付係	**receptionist** リィセエプシャニィストゥ
受け取る	**receive** リシーヴ
薄い	**thin** シン
薄い（味）	**bland** ブランド
歌	**song** ソング
歌う	**sing** スィング
美しい	**beautiful** ビィュウティフゥ

腕時計	**watch** ウォッチ
ウマ	**horse** ホース
海	**sea** シー
梅	**plum** プラアム
梅酒	**plum wine** プラアムワァイン
占い	**horoscope** ホォーラァスコォウプ
占い師	**fortune teller** フォーチュンテエラァ
うらやましい	**jealous** ヂェラァス
売る	**sell** セオ
うるさい	**noisy** ノォイズィ
うれしい	**glad** グラッド
運転手	**driver** ドゥライヴァー
運転する	**drive** ドゥライブ

え

絵	**picture** ピクチュア
営業時間	**hours** アウワズ
駅	**station** ステイション
駅員	**station staff** ステイションスターフ
液晶画面	**LCD screen** エルシーディー　スクリーン
絵本	**picture book** ピクチャブック
選ぶ	**choose** チューズ
円	**circle** サークル
円すい	**cone** コーン
円柱	**cylinder** シィリィンダァ

お

おいしい	**delicious** デリシャス
往復	**round trip** ウラウンドトゥリップ
オオカミ	**wolf** ウルフ
大きい	**big/large** ビッグ/ラージ
大きさ	**size** サイズ
お菓子作り	**making sweets** メイキング　スウィーツ
お金	**money** マニー
おかわり	**another serving** アナザー　サーヴィング
お気に入りの	**favorite** フェイバリッ
起きる	**get up** ゲラップ
屋上	**roof** ルーフ

送る	**send** センド
遅れた	**late** レイト
怒る	**get angry** ゲッアングリィ
おしぼり	**hot towel** ハッ　タウゥ
おしゃれな	**stylish** スタイリッシュ
押す	**push** プッシュ
おだやか	**mild** マァイルドゥ
お茶	**tea** ティー
おつり	**change** チェインジ
落とす	**drop** ドゥロップ
訪れる	**visit** ヴィジットゥ
おととい	**the day before yesterday** ザデイ　ビフォーイエスタデイ
大人	**adult** アダゥト
おとなしい	**quiet** クワイエット
同じ	**same** セイム
お守り	**lucky charm** ラキチャーム
お土産	**souvenir** スーヴェニァ
重い	**heavy** ヘヴィ
思い出す	**remember** リメンバー
思い出	**memory** メモリィ
思う	**think** スィンク
オリーブ	**olive** オリィヴ
オリーブオイル	**olive oil** オリィヴオイル
降りる	**get off** ゲトッフ
オレンジ	**orange** オーリィンヂ
オレンジジュース	**orange juice** オーリィンヂュース
音楽	**music** ミューズィック
温度	**temperature** テンパチャ

か

カーテン	**curtain** カァートゥン
貝	**shellfish** シェルフィシュ
会計	**check** チェック
会計士	**accountant** アカウンタント
外国人	**foreigner** フォーレナー
外国の	**foreign** フォーレン
改札	**ticket gate** ティケットゲイト

会社員	**office worker** オフィスワーカー	加湿器	**humidifier** ヒューミディファイア
快速列車	**rapid train** ラピッドゥ トゥレイン	貸す	**lend** レンド
階段	**stairs** ステアーズ	風	**wind** ウィンド
会話	**conversation** カンバセイション	風邪	**cold** コーウド
買う	**buy** バイ	家政婦	**housekeeper** ハァウスキイーパァ
帰る	**go home** ゴー　ホウム	風がある	**breezy** ブリィージィ
顔色が悪い	**pale** ペエイル	硬い	**hard** ハード
画家	**painter** ペエインタァ	片道	**one-way** ワンウェイ
柿	**persimmon** パァシイマァン	固ゆで	**hard-boiled** ハードボイウド
鍵	**key** キー	がっかり	**disappointed** ディィサァポォインティイドウ
かき氷	**shaved ice** シェイブドゥアイス	楽器演奏	**musical performance** ミューズィカル　パァフォーマァンス
柿の種	**rice crisps and nuts** ゥライスクリスプスエンナッツ	家電量販店	**electronics store** イレクトロニクスストォア
各駅停車	**local train** ローカォトゥレイン	悲しい	**sad** サァッドゥ
学芸員	**curator** キュゥレエイタァ	カニ	**crab** クラァブ
学生	**student** ストゥーデント	カフェ	**café** カフェゥ
カクテル	**cocktail** カァクテエイル	壁	**wall** ウオーォ
角ばっている	**square** スクエア	カボチャ	**kabocha** カボチャ
画材店	**art supplies store** アートサァプラァイズ　ストォア	紙	**paper** ペイパー

髪	**hair** ヘア
カミソリ	**razor** レイザー
雷	**lightning** ライトニング
紙袋	**paper bag** ペイパーバッグ
カメ	**turtle** タアートウル
カメラ	**camera** キャメラ
カモ	**duck** ダック
からい	**hot** ハッ
ガラス	**glass** グラァス
借りる	**borrow** ボロウ
軽い	**light** ライト
革	**leather** レザァ
川	**river** リバー
かわいい	**cute** キュート
皮をむく	**peel** ピール
玩具店	**toy store** トイストォア
看護師	**nurse** ナース
感謝する	**appreciate** アプリシエイト
乾燥する／乾燥した	**dry** ドゥライ
かんたんな	**easy** イージー
乾電池	**battery** バテリー
看板	**signage** サァィネイジ

き

木	**wood** ウウドウ
幾何学模様	**geometric pattern** ヂィーアメェトウリィク　パァタァン
生地店	**fabric store** ファブリィクストォア
汚い	**dirty** ダーティ
貴重品	**valuables** ヴァリュアボォズ
きちんとした	**neat** ニート
きつい（窮屈な）	**tight** タァイトウ
切手	**stamp** スタンプ
切符	**ticket** ティケット
絹	**silk** シイルク
記念日	**anniversary** アニヴァーサリー
昨日	**yesterday** イエスタデイ
キノコ	**mushroom** マァシュルウーム

客室乗務員	**flight attendant** フライトアテンダント
華奢（きゃしゃ）な	**delicate** デェリィケイトゥ
キャベツ	**cabbage** キャベッジ
キャンセル料	**cancellation fee** キャンセレーション　フィー
球	**ball** ボーォ
休暇	**holiday** ホリデイ
キュウリ	**cucumber** キュゥーカァンバァ
今日	**today** トゥデイ
教師	**teacher** ティーチャー
きらきらした	**glittery** グリッタリィ
切る	**cut** カァット
銀	**silver** シォバー
禁煙席	**non-smoking table** ノンスモーキングテーボォ
銀行	**bank** バンク
金属	**metal** メタォ
緊張	**tension** テェンション

く

具合が悪い	**sick** シック

クジラ	**whale** ホエォ
薬	**medicine** メディシン
靴	**shoes** シューズ
クマ	**bear** ベアー
曇り	**cloudy** クラウディ
暗い	**dark** ダーク
クラシック音楽	**classic music** クラァシィクミューズィッ
比べる	**compare** コンペーァ
クリ	**Japanese chestnut** ジャパニィイズ　チェスナァトゥ
クリーニング	**dry cleaning/laundry** ドゥライクリーニング/ラウンドリ
車いす	**wheelchair** ホウィーゥチェア
クルミ	**walnut** ウォールナァトゥ
グレープフルーツ	**grapefruit** グレェイプフルゥ
クレジットカード	**credit card** クレディットカード
黒こしょう	**black pepper** ブラックペッパー
加える	**add** アァドゥ

け

毛	**hair** ヘア

渓谷	**valley** ヴァリィ
警察	**police** ポリース
警察官	**police officer** ポリースオフィサー
芸術的な	**artistic** アーティスティック
携帯電話	**mobile phone** モバイゥフォウン
競馬	**horse racing** ホース　レェイシィング
警備会社	**security company** セキュリティ　カンパニィ
ケーキ	**cake** ケイク
けが	**injury** インジャリー
毛皮	**fur** ファー
化粧品会社	**cosmetic company** コスメティク　カンパニィ
血液型	**blood type** ブラッドタイプ
結婚式場	**wedding hall** ウェディィングホール
玄関	**entrance** エントランス
研究者	**researcher** リィサァーチャ
現金	**cash** キャッシュ
健康的な	**healthy** ヘォシー
検査	**inspection** インスペクション
建築士	**architect** アーキテクトゥ

こ

濃い	**dark** ダーク
コインランドリー	**laundromat** ラウンドロメット
更衣室	**dressing room** ドレッシングルーム
公園	**park** パーク
硬貨	**coin** コイン
郊外	**suburbs** サバーブス
工業地帯	**industrial area** インダストゥリルエァリア
航空会社	**airlines** エアラァインズ
合計	**total** トータォ
広告代理店	**advertising agency** アドゥヴァタァイズィング　エィヂャンシィ
交差点	**intersection** インターセクション
校正者	**proofreader** プルゥーフリィーダァ
高速道路	**highway** ハイウェイ
光沢がある	**shiny** シャイニー
紅茶（ストレート）	**black tea** ブラックティー
コーヒー	**coffee** カフィー

コーラ	**coke** コーク
氷	**ice** アイス
凍る	**freeze** フリーズ
五角形	**pentagon** ペンタゴン
ゴキブリ	**cockroach** コクローチ
心地よい	**comfortable** カンファタブル
個室	**private room** プライヴェットルーム
コスメショップ	**cosmetic shop** コスメティク　ショップ
小銭	**change** チェインジ
答える	**answer** アンサー
国境	**border** ボォーダァ
骨とう品店	**antique store** アンティィークストォア
子ども服	**children's clothes** チゥドレンズクロォウズ
子ども部屋	**children's room** チゥドレンズルーム
断る	**refuse** リフューズウ
ごはん	**rice** ライス
古風な	**old-fashioned** オールドファッションド
ゴボウ	**burdock** バァーダアク
ごま	**sesame** セサミ
細かく刻む	**finely chop** ファインリィ　チョップ
ごみ	**garbage/trash** ガーベッジ／トラッシュ
ごみ箱	**garbage can/trash can** ガーベッジカン／トゥラアシュカァン
ゴリラ	**gorilla** ガァリィラァ
ゴルフ	**golf** ガァオフ
これ／これら	**this/these** ディス/ジーズ
紺色	**dark blue** ダークブルー
コンビニ	**convenience store** コンヴィニエンスストォア

さ

サービスエリア	**gas and food station** ガス　エンド　フードゥ　ステイション
サーフィン	**surfing** サァーフィン
財布	**wallet** ウウォレット
サイン（有名人）	**autograph** オートグラフ
探す	**look for** ルックフォ
魚	**fish** フィッシュ
鷺(さぎ)	**heron** ヘェラァン
桜	**cherry blossoms** チェリーブロッサムズ

サクランボ	**cherry** チェリィ
サッカー	**football(英)/soccer(米)** フットボーォ／サッカー
雑誌	**magazine** マァガァズィーン
サツマイモ	**sweet potato** スウィートポテェイト
砂糖	**sugar** シュガァ
砂漠	**desert** デザート
さみしい	**lonely** ロゥンリィ
寒い	**cold** コーォウド
サメ	**shark** シャーク
皿	**plate** プレイトゥ
さらさら	**rustling** ラァスリィング
ざらざら	**rough** ウラァフ
サラダ	**salad** サラッド
さわやか	**refreshing** ウリィフレェシィング
三角形	**triangle** トゥラァィアングゥル
三角すい	**triangular pyramid** トゥラァィアングゥラァ　ピィラァミィドゥ
珊瑚	**coral** コォーラァル
斬新な	**innovative** イナァヴァティーヴ
散歩	**walking** ウォーキング
山脈	**mountain range** マウンテンレィンジ

し

市	**city** シティ
詩	**poetry** ポォウイトゥリィ
幸せ	**happy** ヘェアピィ
飼育員	**zookeeper** ズーキーパー
自衛隊員	**Self-Defense Forces member** セルフディィフェンスフォーシズメンバー
塩	**salt** ソォウト
シカ	**deer** ディィア
歯科医	**dentist** デェンティィストゥ
四角形／正方形	**square** スクエア
四角すい	**four-sided pyramid** フォゥサァィディドゥ　ピィラァミィドゥ
磁器	**porcelain** ポォーサァリィン
時刻表	**schedule** スケジューォ
仕事	**work** ウワーク
刺繍	**embroidery** インブロォイダァリィ
司書	**librarian** ラァイブレェアリィアン

辞書	**dictionary** ディクショナリ	蛇口	**faucet** フォセット
詩人	**poet** ポォウイト	車庫	**garage** ガラージ
下着	**underwear** アンダウェア	写真	**picture** ピクチュア
試着室	**fitting room** フィッティングルーム	写真集	**photo album** フォトアォバアム
湿度の高い	**humid** ヒュミッド	シャチ	**killer whale/orca** キィラァホエィル/オルカ
しっとり	**moist** モイスト	しゃもじ	**rice paddle** ゥライスパァドゥル
自転車	**bicycle** バァイシイクル	州	**state** ステイト
自動車メーカー	**car manufacturer** カーマァニュゥファクチャラァ	シュークリーム	**cream puff** クリームパフ
自動販売機	**vending machine** ヴェンディングマスィーン	住所	**address** アドレス
自撮り棒	**selfie stick** セォフィースティック	住宅街	**residential area** レジデンシャォエアリア
始発	**first scheduled train** ファーストスケジュルドゥ　トゥレイン	終点	**last stop** ラストスタップ
支払い	**pay** ペイ	終電	**last train** ラストトゥレイン
渋い	**sober** ソバー	充電器	**charger** チャージャ
紙幣	**bill** ビォ	収納	**storage** ストレイジ
島	**island** アイランド	修理する	**fix** フィックス
地味	**sober** ソバー	手芸店	**handicraft store** ハァンディィクラァフトゥ　ストォア
シャイ	**shy** シャァイ	樹脂	**resin** ゥレエズィン
ジャガイモ	**potato** ポテエイトオウ	出版社	**publisher** パァブリィシャ

主婦	housewife	ハウスワイフ
趣味	hobby	ホビー
ショウガ	ginger	ジンジャー
紹介する	introduce	イントロディユウス
乗客	passenger	パッセンジャー
証券会社	securities company	セキュリティィズ　カンパニィ
商社	trading company	トゥレェイディイング　カンパニィ
小説	novel	ノヴル
小説家	novelist	ノヴェリスト
使用中	occupied	オキュパイド
食事	meal	ミーォ
食品会社	food company	フードカンパニィ
食品サンプル	food sample	フードサンプォ
食欲	appetite	アパタイト
食料品	groceries	グロォウサァリィズ
書斎	study	スタディ
書店	bookstore	ブックストォア
汁気の多い	juicy	ヂューシィ
城巡り	castle tour	キャッソー　トゥアー
信号機故障	signal outage	シグナルアウティージ
人材派遣会社	staffing company	スタァフィング　カンパニィ
寝室	bedroom	ベエドゥルウーム
紳士服	men's clothing	メンズクロージング
親切な	kind	カインド
心配している	worried	ウォーリィイドゥ
新聞社	newspaper company	ニュウーズペェイパァ　カンパニィ
心理カウンセラー	psychological counselor	サァイカァラァヂィカァル　カァウンサァラァ

す

水泳	swimming	スウィミング
スイカ	watermelon	ワラーメェラォン
垂直	vertical	ヴァーティィカァォ
スーツ	suit	スート
スーパーマーケット	grocery store	グロォウサリィ　ストォア
涼しい／涼しげな	cool	クウォ
スズメ	sparrow	スパロウ
スタジアム	stadium	ステイディウム

すべすべ	**smooth** スムース
スポーツジム	**gym** ジム
墨	**ink** インク
スモッグ	**smog** スモォウグ

せ

正三角形	**regular triangle** レギュラー トライアングル
清掃会社	**cleaning company** クリィーニィングカンパニィ
整備士	**mechanic** メァカァニィク
西部	**western part** ウェスタァンパート
製薬会社	**pharmaceutical company** ファーマァスゥーティィカァル カンパニィ
狭い	**narrow** ナロウ
セミ	**cicada** シィケェイダァ
ゼリー	**jelly** ジェリィ

そ

ゾウ	**elephant** エレァファントゥ
葬式	**funeral** フュゥーナァラァル
掃除する	**clean** クリーン
ソース	**sauce** ソース

た

体温計	**thermometer** サーモミーター
大工	**carpenter** カァーペンタァ
大根	**Japanese radish** ジャパニィイズ ウラァディイシュ
大使館	**embassy** エンバシー
大丈夫	**all right** オーゥライト
大西洋	**Atlantic Ocean** アトランティックオーシエン
台地	**plateau** プレィトォウ
台所	**kitchen** キッチン
大都市	**big city** ビッグシティ
台風	**typhoon** タイフゥウン
太平洋	**Pacific Ocean** パェシフィクオーシエン
だ円	**ellipse** エリプス
タオル	**towel** タオゥ
(高さが)高い	**high** ハイ
(値段が)高い	**expensive** エクスペンスィヴ
タクシー	**taxi** タクスィ
竹	**bamboo** バンブー

助ける	**help** ヘォプ
卓球	**table tennis** テイボォ　テエニィ
縦じま	**vertical stripes** スヴァーティィカァオストゥライプス
建物	**building** ビュディング
谷	**valley** ヴァリィ
楽しい	**fun** ファン
食べもの	**food** フード
食べる	**eat** イート
卵	**egg** エッグ
タマネギ	**onion** アニャアン
だんご	**dumpling** ダァンプリィン
炭酸水	**carbonated water** カァバァネエイトゥ　ウォウタァ
誕生日	**birthday** バースデイ
団体	**group** グループ
暖房	**heater** ヒーター
タンポポ	**dandelion** ダァンデァラァイアン

ち

地域	**area/region** エァリア／リィーヂャン
小さい	**small** スモーォ
チェック柄	**plaid** プレイド
地下	**basement** ベイスメント
地下鉄	**subway** サブウェイ
地区	**district** ディストリクト
地図	**map** マップ
地方都市	**provincial city** プロヴィンシャルシティ
駐車場	**parking** パーキング
中心地	**downtown/city** ダウンタウン／シティ
注文	**order** オーダー
朝食	**breakfast** ブレクファスト
ちょうどいい	**just right** ジャストライト
長方形／直方体	**rectangular** ウレエクタァングュウラァ
調理	**cooking** クッキングゥ
直角	**right angle** ライトアングル

つ

疲れた	**tired** タイアード
机	**desk** デスク

ツツジ	**azalea** アゼェイリャア
包む	**wrap** ラップ
ツバキ	**camellia** カァミィーリャア
つぶつぶ	**pulp** パルプ
爪切り	**nail clipper** ネイォ　クリッパー
冷たい	**cold** コーォウド
つるつる	**slippery** スリィパアリィ

て

ティッシュペーパー	**tissue** ティシュー
停電	**power outage** パウワー　アウテイジ
テーブル	**table** テイボォ
手紙	**letter** レタ
デザート	**dessert** デザート
手品	**magic** マジィク
手すり	**hand rail** ハンドレイル
鉄	**iron** アイロン
鉄道会社	**railway company** ウレエイルウエイ　カンパニィ
テニス	**tennis** テェニィス

手ぬぐい	**washcloth** ウォッシュクロォス
手袋	**gloves** グラヴズ
店員	**shop clerk** ショップクラーク
電気	**electricity** イレクトリシティ
電機メーカー	**electronics company** イレェクトゥラァニィクス　カンパニィ
天気予報	**weather forecast** ウェザフォーキャスト
添付ファイル	**attachment** アタッチメントゥ

と

トイレ(婉曲表現)	**restroom** レストルーム
籐	**rattan** ウアラタアン
銅	**copper** カパゥ
トウガラシ	**red pepper** レッドペッパー
陶器／陶芸	**pottery** パァタァリィ
投資会社	**investment company** インヴェストゥマアントゥ　カンパニィ
透明な	**transparent** トランスペアレント
トウモロコシ	**corn** コォーン
遠い	**far** ファー
通り	**road** ウロウド

とがっている	sharp	シャープ
時計	clock	クロック
登山	mountain climbing	マウンテン クラァイミィング
特急/急行	express	イクスプレッス
とてもよい	great	グゥレイッ
トマト	tomato	タァメェイトォウ
トラ	tiger	タイガー
ドライヤー	hair dryer	ヘァドライヤー
ドラッグストア	drugstore	ドラッグストォァ
取り消す	cancel	キャンセォ
ドレッシング	dressing	ドゥレェシィング
どろどろ	thick	スィック

な

長い	long	ロング
中庭	courtyard	コォーテャアードゥ
長ネギ	green onion	グリーンアニャアン
なくす	lose	ルーズ
なじみがある	familiar	ファミリィヤ
ナス	eggplant	エグプラァントゥ
七角形	heptagon	ヘェプタァガァン
鍋	pot	ポット
生クリーム	fresh cream	フレッシュクリーム
鉛	lead	レッドゥ
鳴る/鳴らす	ring	ゥリング
南部	southern part	サァザァンパート

に

臭い	odor	オゥダァ
煮魚	boiled fish	ボイルドフィッシュ
虹	rainbow	ゥレェインボォゥ
日用品	daily goods	デイリーグッズ
日本酒	sake	サキ
荷物	baggage	バゲッジ
入場料	admission	アドゥミッション
庭	garden	ガーデン
庭師	gardener	ガァードゥナァ
ニンジン	carrot	キャロッ

ニンニク	**garlic** ガァーリィク

ぬ

ぬいぐるみ	**stuffed animal** スタッフドゥエニマル
布	**cloth** クロォース

ね

ネクタイ	**tie** タイ
値段	**price** プライス
熱	**fever** フィーヴァー
ねっとり	**soggy** ソギー
値引き	**discount** ディスカウント
眠たい	**sleepy** スリーピー
練る	**knead** ニード
年齢	**age** エイジ

の

農家	**farmer** ファーマァ
農業地帯	**agricultural area** アグリカルチュアルエァリア
のどが渇いている	**thirsty** サァースティィ
飲みもの	**drink** ドゥリンク
飲む／お酒を飲む	**drink** ドゥリンク
乗り換え	**transfer** トランスファー
乗り継ぎ	**transit** トランジット
乗る（車、タクシー）	**get in** ゲリン

は

ハート形	**heart shape** ハートシェイプ
配送業	**delivery business** ディィリィヴァリィ　ビズィネス
パイナップル	**pineapple** パァィナァポー
俳優	**actor** アクター
ハガキ	**postcard** ポストカード
鋼	**steel** スティィーォ
測る（長さ・距離）	**measure** メジャア
拍手	**applause** アプローズ
パクチー	**cilantro/coriander** シアントロゥ/コリアンダー
橋	**bridge** ブリッジ
箸	**chopsticks** チョップスティックス
柱	**pillar** ピィラァ
バスケットボール	**basketball** バスキットボール

バスタオル	**bath towel** バースタウゥ
バス停	**bus stop** バス　ストップ
パセリ	**parsley** パァースリィ
パソコン	**computer** コンピュータ
畑	**field** フィーォドゥ
肌寒い	**chilly** チリィ
八角形	**octagon** アクタァガアン
派手	**flashy** フラァシィ
ハト	**pigeon** ピィジョン
花柄	**floral** フロォーラァォ
バナナ	**banana** バァナァナァ
ハナミズキ	**dogwood** ダァグウゥドゥ
パフェ	**parfait/sundae** パァルフェ/サンデー
歯ブラシ	**toothbrush** トゥースブラシュ
歯磨き粉	**toothpaste** トゥースペイスト
速い	**fast** ファスト
払う	**pay** ペイ
張り	**tension** テエンション

バルコニー	**balcony** バォカニ
晴れ	**sunny** サニー
パン	**bread** ブレッド
半円	**half circle** ハーフサークォ
ハンカチ	**handkerchief** ハンカチーフ
半球	**hemisphere** ヘェミィスフィア
パン作り	**bread making** ブレッド　メイキング
半島	**peninsula** ペニンシュラ
半分	**half** ハーフ

ひ

ピーマン	**green pepper** グリーンペッパー
ピーラー	**peeler** ピーラー
ビール	**beer** ビア
引く	**pull** プゥ
低い	**low** ロー
ビジネス書	**business book** ビズィネス　ブック
美術館巡り	**art museum tour** アートミューズィアム　トゥアー
秘書	**secretary** セェクラァテェリィ

非常口	**emergency exit** エマージェンシー　イグジットゥ
非常に／ひどく	**awfully** アォウフリィ
非常ボタン	**emergency button** エマージェンシー　バトゥン
ひっくり返す	**turn over** ターンオウバー
ビニール	**plastic** プラスティック
ヒマワリ	**sun flower** サンフラァウア
秘密	**secret** シークレット
百貨店	**department store** デパートメントストォア
費用	**cost** コスト
雹(ひょう)	**hailstones** ヘエイルストォウンズ
美容院	**hair salon** ヘァサロン
病院	**hospital** ホスピタォ
ヒョウ柄	**leopard pattern** レオパードパァタアン
病気	**disease/sick** ディジーズ/シック
標識	**sign** サイン
日よけ	**sunshade** サンシェイド
広い	**wide** ワイド
品質	**quality** クォリティ
便せん	**letter paper** レターペイパー
ひんやり	**cool** クゥオ

ふ

封筒	**envelope** エンヴェロウプ
吹き抜け	**atrium** エィトゥリィウム
服	**clothes** クロォウズ
婦人服	**women's clothing** ウィメンズクロージング
ふた	**lid** リィドゥ
再び	**again** アゲイン
太い	**thick** シック
ブドウ	**grape** グレェイプ
不動産会社	**real-estate company** リォイステェイトゥ　カンパニィ
踏切	**railroad crossing** ゥレェイルロォウドゥ　クロッシィング
フライパン	**frying pan** フラインッグパン
プラスチック	**plastic** プラスティック
プリン	**pudding** プゥディィング
古着ショップ	**used clothes shop** ユーズドゥクロォウズショップ
風呂	**bath** バース

文化	**culture** カウチャー
文房具	**stationery** ステイショネリ

へ

平均	**average** アヴェレッジ
平行	**parallel** パァラァレエル
平面	**plane** プレイン
平野	**plain** プレーン
別館	**annex** アネックス
ベッド	**bed** ベッド
ベッドカバー	**bedspread** ベッドスプレッド
ベビーカー	**stroller** ストローラー
へら	**spatula** スパァチュラァ
勉強する	**study** スタディ
ペンギン	**penguin** ペェングウィン
便利	**useful** ユースフォ

ほ

帽子	**hat** ハット
包丁	**kitchen knife** キッチンナイフ
ボウル	**bowl** ボウォ
ホウレンソウ	**spinach** スピィニィチ
ボールペン	**pen** ペン
牧場	**ranch** ウラァンチ
誇らしい	**proud** プラァウドゥ
星形	**star shape** スターシェイプゥ
干しブドウ	**raisin** レイズン
細い	**thin** スィン
細長い	**slender** スレンダー
歩道橋	**foot bridge** フットブリッジ
本館	**main building** メインビュディング

ま

迷子になる	**be lost** ビーロスト
枕	**pillow** ピロウ
マグロ	**tuna** トゥナ
まぜる	**mix** ミックス
待合室	**waiting room** ウェィティングルーム
まちがい	**mistake** ミステイク

まな板	**cutting board**	カッティングボード
まぶす	**coat/cover with**	コート／カヴァーウィズ
マヨネーズ	**mayonnaise**	メェイアネェイズ
満員	**no seats available**	ノースィーツ　アベイラボォ
漫画家	**manga artist**	マンガアーティスト
マンション管理士	**apartment manager**	アパートメント　マァニィヂャ

み

みかん	**mandarin orange**	マンダリン　オーリィンヂ
短い	**short**	ショート
水	**water**	ウォウタァ
湖	**lake**	レイク
水玉	**polka dot**	ポォウルカァドォットウ
みそ汁	**miso soup**	ミソスープ
見つける	**find**	ファインド
ミニトマト	**cherry tomato**	チェリィ　タァメェイトォウ
見本	**sample**	サンプォ
魅力的な	**attractive**	アトゥラァクティイヴ
民芸品店	**folk art store**	フォークアートストォア

む

ムース	**mousse**	ムゥース
虫	**bug**	バグ
無地	**plain**	プレーン
蒸し焼きにする	**steam**	スティーム
紫	**purple**	パァープォ
無料の	**free**	フリー

め

迷彩柄	**camouflage**	カァマァフラァージュ
メガネ	**glasses**	グラーシズ
目薬	**eye drops**	アイドロップス
目印	**landmark**	ランドマーク
綿	**cotton**	コットン

も

毛布	**blanket**	ブランケット
目的	**purpose**	パーパス
もち	**rice cake**	ウライスケイク
モモ	**peach**	ピィーチ

モヤシ	**bean sprouts** ビーンスプラァウッ

や

約束	**promise** プロミス
薬味	**condiments** コンディメンツ
野菜	**vegetables** ヴェジタブゥズ
安い／安っぽい	**cheap** チィーブ
休む	**have a rest** ハヴァウレスト
薬局	**pharmacy** ファーマシィ
野暮ったい	**plain** プレーン
山	**mountain** マウンテン
やわらかい	**soft** ソフト

ゆ

湯	**hot water** ハッ　ウォゥタァ
優先席	**priority seat** プライオリティシート
夕食	**dinner** ディナ
郵便局	**post office** ポァストゥオフィス
床	**floor** フロア
雪	**snow** スノウ
指輪	**ring** ウリング
ゆるい	**loose** ルーズ

よ

浴室	**bathroom** バスルーム
浴槽	**bathtub** バースタブ
横じま	**horizontal stripes** ホォーライザァントゥル　ストゥラァイプス
予約	**reservation** ウレザヴェイション

ら

ラーメン店	**ramen shop** ラーメンショップ
酪農家	**dairy farmer** デェアリィ　ファーマァ
ラグビー	**rugby** ウラグビー
落花生	**peanut** ピィーナァト
ラッコ	**sea otter** シーアタァ

り

立体	**solid** サァリィドゥ
立方体	**cube** キュウーブ
リビング	**living room** リビングルーム
理容師	**barber** バァーバァ

漁師	**fisherman** フィッシャーマァン
料理人	**cook** クック
緑茶	**green tea** グリーンティー
旅行代理店	**travel agency** トゥラヴェルエィヂャンシィ
リンゴ	**apple** エアポゥ

る

ルッコラ	**arugula** アルギュラ

れ

冷蔵庫	**fridge** フリッジ
冷凍	**frozen** フローズン
冷房	**air conditioner** エァ　コンディショナ
レストラン	**restaurant** レストラン
レタス	**lettuce** レエティイス
列	**line** ライン
レモン	**lemon** レエマァン
レンコン	**lotus root** ロォウタァスルウート

ろ

六角形	**hexagon** ヘキサゴン

わ

輪	**ring** リング
ワイシャツ	**business shirt** ビジネスシャート
分ける	**separate** セパレイト
和室	**Japanese-style room** ジャパニィイズ　スタイル　ルーム
和食	**Japanese food** ジャパニィイズ　フード
忘れる	**forget** フォァゲットゥ
割引券	**discount coupon** ディスカウントクーポン

著者
GOOVER ENGLISH SCHOOL
(グーバーイングリッシュスクール)

日本にいながらアメリカ留学・ホームステイ気分を満喫できるプライベートレッスンに定評がある英会話スクール。日常英会話のほかビジネス英会話、TOEIC コースも開催。
http://www.goover.org

✣本文デザイン・DTP
株式会社ユーホーワークス

✣イラスト
オカダケイコ

✣校正
株式会社みね工房、株式会社アミット

✣編集協力
原田幸枝、竹野愛理、長谷部美佐、難波洋子
株式会社童夢

✣編集担当
梅津愛美（ナツメ出版企画株式会社）

本書に関するお問い合わせは、書名・発行日・該当ページを明記の上、下記のいずれかの方法にてお送りください。電話でのお問い合わせはお受けしておりません。
・ナツメ社 web サイトの問い合わせフォーム
https://www.natsume.co.jp/contact
・FAX（03-3291-1305）
・郵送（下記、ナツメ出版企画株式会社宛て）
なお、回答までに日にちをいただく場合があります。正誤のお問い合わせ以外の書籍内容に関する解説・個別の相談は行っておりません。あらかじめご了承ください。

日常英会話(にちじょうえいかいわ) 伝(つた)わるフレーズ集(しゅう)

2020年4月 3 日　初版発行
2024年7月20日　第5刷発行

著　者　GOOVER(グーバー) ENGLISH(イングリッシュ) SCHOOL(スクール)

発行者　田村正隆

発行所　株式会社ナツメ社
東京都千代田区神田神保町1-52 ナツメ社ビル1F（〒101-0051）
電話　03-3291-1257（代表）　　FAX　03-3291-5761
振替　00130-1-58661

制　作　ナツメ出版企画株式会社
東京都千代田区神田神保町1-52 ナツメ社ビル3F（〒101-0051）
電話　03-3295-3921（代表）

印刷所　広研印刷株式会社

ISBN 978-4-8163-6771-7
Printed in Japan